FORTIN 1978

MÉRY.

LA GUERRE
DU NIZAM

VICTOR MAGEN, ÉDITEUR.

3 vol. in-8°. Prix : 18 francs.
LA FLORIDE,
2 vol. in-8°. Prix : 12 francs.

LA GUERRE DU NIZAM.

DU MÊME AUTEUR.

LA COMTESSE HORTENSIA.	2 vol.
LA FLORIDE.	2 vol.
UNE CONSPIRATION AU LOUVRE.	2 vol.

SOUS PRESSE :

LA CIRCÉ DE PARIS.	2 vol.

COMÉDIES EN VERS :

L'UNIVERS ET LA MAISON, in-8°.	1 fr. 50 c.
COMÉDIENS ET PARRAINS, in-8°.	60 c.
LE PAQUEBOT, in-8°.	1 fr.

Toute reproduction entière ou partielle de LA GUERRE DU NIZAM est interdite, et sera poursuivie comme contrefaçon.

Victor Magen.

Imp. Dondey-Dupré, rue St-Louis, 46, au Marais.

LA GUERRE

DU NIZAM

PAR MÉRY.

II

PARIS.
VICTOR MAGEN, ÉDITEUR,
21, QUAI DES AUGUSTINS.

1847

I

Le colonel Douglas attendait la comtesse Octavie et sir Edward dans la grande avenue de l'habitation de Nerbudda : dès qu'ils parurent sous les voûtes des derniers arbres, il courut à eux, aida la jeune dame à descendre de son cheval, et la reçut avec les démonstrations de la plus cordiale amitié.

— Vous avez donc perdu votre chemin ? dit-il avec un léger éclat de rire fort naturellement noté ; on m'a conté cela, il y a quelques heures, tout juste au moment où j'allais vous recevoir à Roudjah. J'ai eu peur pour vous, madame ; mais, j'ai été vite rassuré lorsque j'ai su que sir Edward était là.

— Avec sir Edward, ce sont de vraies parties de plaisir, ces aventures, dit Octavie en prenant le bras du colonel, cependant je ne les recommencerai pas. J'espère, mon cher colonel, que vous donnerez des ordres pour me faire parvenir mes bagages, aujourd'hui à Nerbudda. J'ai tout laissé à ce maudit village, même mes femmes de service. J'étais si heureuse de ne pas m'y laisser moi-même !... Vraiment, j'ai quelque honte de me présenter, en négligé de tigre, aux maîtres de la maison.

— Rassurez-vous, Madame, dit le colonel ; les maîtres de la maison sont absents... Ils rendent des visites à leurs voisins...

— Des voisins fort éloignés, dit Edward qui venait de quitter Nizam et marchait à côté d'Octavie.

— Voilà des visites qui arrivent à propos,

dit la comtesse; cela me met à mon aise, ce matin. Vous êtes donc seul, mon cher colonel, dans cette forteresse d'habitation?

— Seul, avec une foule de domestiques.

— Et que faites-vous de tous ces gens-là?

— Nous les occupons à ne pas nous servir, dit Edward.

— A la bonne heure! dit la comtesse; déjà je m'effrayais à l'idée d'obéir à tant de serviteurs... Eh! comment passez-vous votre temps, Messieurs, dans ce désert?

— Agréablement, dit Edward; nous avons la chasse, la pêche, la sieste, la table, la promenade, la lecture, et nous faisons de la musique.

— Colonel Douglas, dit la comtesse, je ne m'étonne pas qu'avec tant d'occupations, vous ne trouviez point le temps de vous marier?

— Madame, dit Edward, le colonel se mariera. Il est trop engagé.

— Au reste, dit la comtesse, nous aurons assez de loisirs pour causer mariage. — En ce moment, la vaste maison du nabab, dégagée des grands arbres qui voilaient ses deux ailes, apparut tout entière à Octavie, et elle ajouta : — C'est une véritable citadelle, à l'épreuve des tigres... A propos de tigres, il paraît que les Taugs ont donné leur démission ?

— Oui, Madame, dit Edward, personne n'en parle plus aux environs.

— C'est ce que j'ai lu dans le *Bombay-Review...*

— Oh! les journaux de l'Inde sont toujours bien informés, dit Edward.

— La paix nous laisse de grands loisirs, dit Douglas, et nous les employons à coloniser le pays.

— Je passe une partie de mes nuits, moi, dit Edward, à étudier nos grands économistes anglais.

— Ensuite, dit le colonel, nous faisons l'application des théories des économistes.

— Et que font les Taugs, aujourd'hui qu'ils ne font rien ? demanda la comtesse.

— Les Taugs, dit Edward, élèvent des oiseaux pêcheurs, ils brûlent des briques, ils battent le riz, ils disent leur chapelet, ils apprennent le *God save the king* à leurs enfants. Nous sommes contents d'eux : on ne les reconnaît plus, ces braves gens ! Dernièrement, dans une forêt assez noire, nous en avons rencontré un certain nombre, le colonel et moi ; eh bien ! ils se sont retirés sans bruit, comme des agneaux.

— Je donnerai de bonnes nouvelles au ministre, dit Douglas, dans le rapport que je vais écrire aujourd'hui, et qui partira par le premier *india-mail*.

— Ah ! par la même occasion, cher colonel, dit la comtesse, félicitez votre ministre sur le choix qu'il a fait de M. Tower, notre tuteur. Ordinairement, les ministres choisissent mal les tuteurs ; mais cette fois ils se sont surpassés.

— Mon Dieu ! Madame, dit Edward, il faut être juste envers tout le monde, même envers les ministres. La chancellerie a besoin d'un tuteur ; la chancellerie a les cinq parties du monde et l'Irlande sur les bras, ce qui fait six. Croyez-vous que la chancellerie puisse perdre son temps à étudier le genre humain anglais pour y découvrir un bon tuteur? C'est impossible. Le premier fat qui se présente, avec un nez ciselé classiquement et une émeraude au jabot, est nommé tuteur à l'unanimité. Je connais Tower, d'ailleurs, c'est un homme à peu près comme un autre : c'est un membre du genre humain.

— Oh! vous ne le connaissez pas, sir Edward, dit la comtesse; M. Tower est un être à part. D'abord, il se croit aimé de toutes les femmes...

— Ce n'est pas un être à part.

— Il a de l'orgueil, comme en aurait eu le colosse de Rhodes s'il s'en fût promené en chair et en os dans l'Archipel...

— Parbleu! à qui le dites-vous, Madame? Un jour je descendais, en *fly*, la Tamise avec lui. En passant sous la grande arche du pont de Londres, ce M. Tower se croit si grand qu'il a eu l'orgueil de se baisser! mais il y en a cent mille qui ne se baissent pas, pour ne pas humilier leurs voisins, et qui aiment mieux courir la chance de se briser le front! M. Tower a au moins l'audace de ses défauts : mais ce n'est pas un être à part, Madame.

— Savez-vous bien, sir Edward, qu'il m'a fait la cour, le jour même de notre embarquement.

— Ce n'est pas un être à part.

— Il est vieux, M. Tower!

— Raison de plus.

— Il fait la cour à Amalia, sir Edward, en ce moment.

— Ceci ne me regarde point.

— Ah! vous êtes méchant, Edward, dit le colonel... Belle comtesse, voici votre palais, votre jardin, votre parc. Tout est prêt ici pour vous recevoir. Vous devez avoir besoin de repos. Nous allons vous confier aux soins de deux caméristes indigènes...

— Belles comme le cuivre avant l'invention

de l'or, dit Edward, Nous abhorrons les femmes indigènes, le colonel et moi...

— Sir Edward, dit la comtesse, vous êtes un hypocrite ; le cuivre a son prix ; et l'on m'a parlé de certaine brahmanesse que vous auriez payée au poids de l'or.

— Oui, Madame, c'est une vieille calomnie nolisée à Tranquebar, et qui a échoué à Smyrne sur un écueil.

— Mes jeunes Indiennes m'attendent, dit la comtesse ; adieu, Messieurs, et à bientôt... Excusez-moi, sir Edward, j'ai deux mots de confidence à dire au colonel... Mon cher colonel, vous me présenterez à la société blanche du pays, n'est-ce pas ?

— Madame, dit le colonel, au Bengale la société ne brille pas par la blancheur. Vous choisirez la nuance qui vous plaira pour vous entourer.

— Oui, comme on fait chez Delisle pour une robe... Colonel, je vous soupçonne d'avoir choisi quelque nuance avant moi !... Vous avez des distractions d'amoureux qui ne conviennent pas à la gravité d'un futur époux... Vraiment les hommes sont incompréhensibles !

— Eh ! Madame, par galanterie nous faisons tous nos efforts pour vous ressembler.

— Comment pouvez-vous préférer les roses du Bengale aux roses de Smyrne ?

— Madame, toutes les roses ont leur prix.

— Au reste, mon cher colonel, c'est votre affaire, et ce n'est plus la mienne depuis ce matin.

— Belle comtesse, vous allez ajouter un mot après cette énigme...

— Colonel, je suis trop fatiguée pour ajouter un mot qui ne finirait que ce soir. Adieu !

Un second adieu fut adressé à sir Edward, mais de fort loin et par un geste charmant qui portait avec lui toute la grâce d'un sourire.

Le colonel marcha vers Edward, et, laissant tomber ses mains croisées de toute la longueur des bras :

— Mon Dieu ! dit-il, que signifie tout ceci, cher Edward ? J'ai abordé la comtesse comme on aborde l'ennemi, hardiment, pour ne pas être tué du premier coup ; je m'attendais à des coups de griffes mortels ; vous l'avez vu, tout s'est bien passé : elle a fait des plaisanteries sur M. Tower, qu'elle exaltait dans sa lettre ; elle a parlé fort légèrement de son amie Amalia et du mariage. Vraiment, je suis stupéfait.

— Vous êtes bien heureux, Douglas, de n'être que stupéfait ; moi, je suis fou : il y a des femmes qui naissent tout exprès pour donner des locataires aux petites maisons.

— Vraiment ! Edward, elle était adorable au sortir du bois....

— Adorable !... avec son chapeau d'amazone déplumé, ses cheveux portant les échantillons de tous les arbres, sa robe qui a décoré de mousseline tous les buissons, sa figure illuminée par l'insomnie, ses yeux de démon corrigés par un ange, sa grâce étourdie qui ravage à son insu !... Mon cher Douglas, que vous êtes heureux d'aimer une femme et de l'épouser dans quinze jours !

— Hélas ! ce n'est pas aisé, mon cher Edward !

— Qu'importe ! ce sera aisé dans six mois ! Vous avez déjà échangé le *oui*...

— Edward ! Edward ! vous oubliez donc la lettre du ministre ?... La nuit dernière vous a fait perdre la mémoire et l'esprit !... Votre comtesse Octavie m'a causé bien des douleurs amères : elle a été la complice du ministre dans ce démêlé romanesque ; elle a montré un acharnement inouï, comme si sa vie dépendait de mon mariage avec la jeune Grecque. Puis, lorsque tout a été embrouillé par ses jolis doigts, d'une façon inexplicable, elle perd aussi l'esprit et la mémoire, et fait bon marché de mon mariage, d'Amalia et de M. Tower... Allez deviner les femmes !...

— Pourquoi pas ? dit Edward ; colonel Douglas, vous connaissez mieux les Taugs que les femmes.... Comment, vous n'expliquez pas la comtesse Octavie!

— Expliquez-là, voyons.

— Je rougis, mon colonel, de vous expliquer une chose si simple. Pour l'honneur de votre sagacité, je veux que nous l'expliquions ensemble, comme on fait dans un duo d'opéra; nous supprimerons la musique... La comtesse Octavie est à Smyrne; la scène est à Smyrne; elle a une jeune amie qui se nomme...?

— Amalia.

— Bien !... Vous connaissez le pays de la belle comtesse, Douglas?

— Elle est Française.

— Mieux que cela, colonel : elle est Parisienne... Survient un jeune comte Elona...

— Un Polonais.

— Mieux que cela, colonel : un proscrit... Le comte Elona rend des politesses assidues à ces deux dames, à la belle demoiselle, à la belle veuve... On commence toujours par des politesses.

— Le comte Elona se réveille un jour, amoureux de l'une de ces deux dames...

— De laquelle, mon cher Douglas?.. Vous allez deviner.

— De la comtesse ?

— Vous n'avez pas deviné, Douglas.

— De l'autre.

— Parbleu ! en deux fois, vous deviez le deviner... Après cela, cher Douglas, la comtesse éprouve un cruel désappointement. Notre jeune veuve est trop étourdie, trop vive, pour analyser elle-même ses sensations, et se rendre un compte exact d'un dépit que, dans son ignorance, elle élève à la hauteur d'un désespoir.

— Je crois vous comprendre, Edward, Octavie se persuade qu'elle a un penchant de tendresse pour le jeune proscrit....

— Certainement, Douglas, il y avait bien un peu de cela, mais délayé dans une forte dose d'amour-propre très naturel d'ailleurs. La comtesse Octavie était trop femme pour se tranquillement sacrifier ainsi au pied d'une statue grecque.

— De là les colères, les jalousies, les complots féminins ; je devine tout maintenant, Edward... La comtesse Octavie, dédaignée par le comte Elona, se révoltait encore plus à l'idée de le voir l'époux de la jeune Grecque ; en la faisant épouser par moi, elle se donnait, dans ses infortunes de coquetterie, une sorte de satisfaction. Oui, c'est bien femme, cela, Edward.

— Femme riche, femme impressionnable, femme orageuse, femme ennuyée, la comtesse Octavie ne pouvait agir autrement, mon cher colonel. Ce qu'elle a fait, cent mille l'auraient fait, dans le même cas. Au reste, c'est de bonne guerre féminine...

— Edward, le commencement me paraît assez bien expliqué de cette manière ; mais la fin est encore très nébuleuse à mes yeux.

— Ecoutez, Douglas, une femme du caractère d'Octavie ne peut vivre six mois avec la même idée, clouée au front. Il suffit d'une circonstance imprévue pour tout bouleverser dans sa tête, et chasser une idée par une autre. Avec elle, rien ne m'étonne. A Smyrne, elle avait vu le comte Elona, et elle l'avait aimé; au Bengale, elle l'a revu, et elle l'a détesté. L'Océan a coulé entre deux époques; la mer guérit tous les maux de la terre. On change d'étoiles, on change de ciel, on change d'amour. Les Grecs ont inventé une belle et consolante histoire, avec leur navire *Argo*, qui n'avait conservé que son nom en arrivant au port. Du haut des mâts à la quille, de la proue à la poupe, en voyage il avait tout perdu ; mais il se nommait toujours Argo. Un dernier mot, Douglas, et je vous quitte, j'ai besoin de repos ; il faut que je me fasse une petite nuit d'occasion jusqu'à midi... Douglas, l'amour est une chose fort intelligible que personne ne comprend ; ce n'est, certes, pas faute de parler de lui, d'écrire pour lui, de chanter pour lui : la parole, l'imprimerie et la musique n'ont été inventés que pour l'amour, et l'amour est encore le secret de l'univers. Adieu, Douglas.

— Oh! vous êtes bien leste dans vos adieux, mon cher Edward! un instant, s'il vous plaît; voici le facteur de Roudjah qui arrive avec des lettres, et je ne vous donne un congé de sommeil qu'après le cachet rompu.

— A vos ordres, mon colonel!

Douglas prit la lettre, l'ouvrit, et regarda la signature.

— Ah! dit-il, c'est de M. Tower! Vous allez lire cela avec moi, sir Edward.

— Que le diable le caresse, ce monsieur Tower.

— Et pourquoi, Edward? S'il me mande quelque chose d'important pour moi! Vous vous faites égoïste depuis ce matin... Comme une nuit peut changer les hommes!

— Douglas, j'expire de sommeil; si vous tardez un instant de plus, vous lirez la lettre à un somnambule.

— Edward, mon ami, l'amour est une

chose inintelligible que tout le monde comprend.

— C'est M. Tower qui dit cela dans sa lettre ?

— Non, Edward; voici ce que dit la lettre de M. Tower.

— Mon Dieu! je n'avais pas besoin d'une lettre de M. Tower pour m'endormir. D'ailleurs, le commerce de l'opium est prohibé au Malabar.

— Écoutez, Edward.

M. Tower au colonel Douglas.

« Roudjah, Swet-Hours-Inn.

« Nous sommes dans un grand embarras, honorable colonel. Mademoiselle Amalia, votre future épouse, ne descend plus à la salle commune; le comte Elona votre ami et votre envoyé ne répond à aucune de mes demandes, et moi je commence à périr d'ennui dans ce pays, où l'on ne voit que des soldats cuivrés et des femmes horribles. Que faut-il faire ? Les ordres du ministre sont précis ; j'ai ordre de ne m'arrêter que dans la maison habitée par le colonel Douglas. Je crois avoir commis une grande faute en permettant de passer une quinzaine à Roudjah, mais j'obligeais ainsi les deux personnes intéressées, vous, colonel, et ma chère pupille, qui se plaignait d'avoir perdu au soleil de la mer l'éclat de son teint, qui veut le retrouver après deux semaines de retraite, et pourra se présenter à son époux, parée de tous ses avantages physiques. Vous voyez, colonel, que je connais les femmes.

« Si la comtesse Octavie fût restée au milieu de nous, ma position eût été plus tenable. La comtesse cause bien, et j'ai passé quelquefois avec elle des petites soirées fort agréables, qui, je l'espère, lui ont aussi donné quelque satisfaction. Mais vous ne sauriez vous figurer combien cette Française est étourdie et légère, toute demeure lui pèse après une heure de séjour. Elle s'est formalisée, bien à tort, de quelques préférences que je devais avoir naturellement pour ma pupille, et, en arrivant, elle a disparu avec un Indien. C'est sa faute, je ne suis pas son tuteur.

« Autre sujet d'hésitation. Je voulais partir seul pour Nerbudda, et causer quelques instants avec vous, incognito, mais je n'ai pu me résoudre à laisser ma pupille exposée aux médisances d'une soldatesque cuivrée. Si je connaissais moins les femmes, je croirais que ma pupille est d'intelligence avec le jeune comte Elona, un étranger, une relation d'un jour ! Je vous laisse donc à supposer tout ce qu'inventerait un voisin médisant sur leur compte si je quittais le village, ne serait-ce que pour la moitié d'un matin.

« Colonel, j'ai de grands devoirs à remplir, mais je ne veux mécontenter ni le ministre, ni ma pupille, ni vous, ni personne. Ecrivez-moi vos intentions, et si elles ne contrarient ni mes instructions, ni mes pouvoirs, je m'y conformerai. Je n'ai jusqu'à cette heure d'autre avis que celui qui m'a été apporté par le comte Elona, de votre part, mais qui me garantira, légalement parlant, l'authenticité de la mission du jeune comte. J'attends un billet officiel signé de votre main.

« Enfin, voulez-vous que je vous parle confidentiellement, colonel ? Écoutez : je connais les hommes ; j'ai rempli quelques missions diplomatiques sérieuses, et vous savez que nos ministres n'accordent leur confiance qu'à des gens expérimentés. J'ai donc observé le comte Elona, comme étude de caractère ; c'est une habitude que j'applique à tous les individus qui me frappent par leur physionomie. D'ailleurs, à Roudjah, que peut-on faire de mieux, lorsque rien ne peut exercer mon inépuisable besoin d'activité dévorante ? Dieu me garde de suspecter le comte Elona ! Je le tiens pour un parfait gentilhomme ; mais il me semble porter en lui le germe d'un dessein coupable. On doit se méfier des hommes qui se disent *Français de cœur et d'âme ;* ce sont des êtres dangereux.

La beauté de ma pupille a paru faire une vive impression sur le comte Elona. Le silence morne qu'il a gardé, à notre première entrevue, me paraît le symptôme alarmant d'une grande passion. Dès ce moment, de près ou de loin, je ne l'ai plus quitté. Croiriez-vous qu'il s'est promené toute la nuit devant les fenêtres de ma pupille? Je dois ajouter que les fenêtres n'ont pas daigné s'ouvrir une seule fois. Je connais les femmes, et ma pupille a trop de déférence pour moi pour me donner le plus innocent sujet de mécontentement. Ce matin, j'ai proposé, par ruse, au comte Elona, de quitter cet ennuyeux village et de rentrer à Nerbudda.
— « Oh! non, m'a-t-il répondu, puisque je dois passer quinze jours ici, je veux profiter de ce séjour pour étudier les mœurs et les usages des habitants. » Notez bien qu'il ne s'est jamais éloigné de l'auberge de plus de dix pas, et que dans notre rue il n'y a pas un seul habitant, rien à étudier, par conséquent, sur les usages et les mœurs. Je connais les hommes; on ne me

trompe pas avec des artifices grossiers.

« J'ai rempli un grand devoir, colonel Douglas ; tirez de ma lettre le parti convenable ; je la confie à votre prudence et à votre discrétion.
 « TOWER. »

— Eh bien ! Edward, dit le colonel en refermant la lettre, que faut-il répondre à ce stupide tuteur ?

— Deux lignes, en style officiel : « Monsieur Tower, je vous prie de suivre jusqu'à nouvel avertissement les instructions que vous a données le comte Elona. » Mon cher Douglas, dans votre position, il faut gagner du temps. Le temps est le meilleur arrangeur que je connaisse, et quand nous ne mourons pas, il est forcé, par son métier, de travailler pour nous. Au bout du temps, il y a toujours des évènements obligés dont il dispose en souverain : attendons ce qui viendra par lui, pour nous ou contre nous.

— Et ne devons-nous rien faire pour aider

le temps et le forcer à travailler pour nous?

— Mon cher Douglas, tout ce que vous avez pu faire a été fait, croisez-vous les bras ; votre position se fait meilleure chaque jour. La comtesse Octavie est sur le point de se rallier à nous. Vous avez éloigné ce matin, sous un prétexte raisonnable, le nabab, sa fille, et leurs plus intelligents serviteurs ; ils sont en visite chez les voisins, et ils les invitent à votre mariage : c'est bien trouvé. Maintenant... eh bien! maintenant, nous verrons.

— Nous avons aussi causé de nos affaires ; songeons un peu aux affaires du pays. Les nouvelles qui me viennent des cantonnements éloignés sont bonnes. Le brave capitaine Taylor a écrasé l'autre jour une bande de Taugs dans la gorge sauvage de Nérebby. Dans les campagnes, la plus grande sécurité règne toujours. On ne sait rien... Que fait votre démon familier?

— Mon infatigable Nizam travaille à cette heure, j'en suis sûr ; quand il faudra parler, il parlera : comptons sur lui.

— Je compte aussi sur vous, Edward...

— Oui, quand j'aurai dormi... adieu ; je crains de manquer la comtesse Octavie à son réveil. Je veux la saluer le premier à midi : c'est la seule ambition qui troublera mon sommeil.

— Une dernière chose... Dites-moi, Edward, il n'est pas à craindre que le comte Elona ne divulgue à la société Tower nos secrets domestiques, mon mariage arrêté avec le nabab...

— N'ayez point de peur de ce côté, Douglas. Je connais Elona. Il fera et dira ce que je lui ai dit ou écrit de faire et de dire ; rien de plus, rien de moins. Si, à Roudjah, l'entretien tombe sur un cas imprévu, notre jeune comte se taira.

Edward serra la main de Douglas et monta lentement l'escalier de l'habitation de Nerbudda.

UN ASSAUT DE RUSES SANS ESCALADE.

II

Deux longues galeries traversent les ailes de l'habitation à leur extrémité. Elles aboutissent à deux balcons, dont les deux fenêtres s'ouvrent sur les deux façades du nord et du midi.

Edward, après un repos de quelques heures, arrive au rendez-vous qu'il s'est donné sur la terrasse, devant la maison. Les persiennes voilent toutes les fenêtres, excepté celle du balcon de la galerie. Sur la pierre de la balustrade, un bras demi-nu se dessine en relief avec une grâce exquise de contour, et soutient une tête charmante inondée de cheveux. Cette pose de nonchalance et d'abandon annonce une profonde rêverie au regard amoureux qui la découvre. La jeune femme se relève brusquement, comme réveillée en sursaut, en entendant un bruit de pas sur les feuilles sèches.

Edward s'incline et salue, on engage l'entretien par l'échange des formules banales, inventées pour la situation.

— A mon réveil, dit la comtesse Octavie, j'ai visité votre château indien; c'est un beau désert, comme la campagne. On peut vivre ici un mois, en ermite, pour se recueillir. Je suis étourdie de tout ce que je découvre aux environs. Comme tout cela est grand, merveilleux, et triste! il faut voir cela une fois dans sa vie pour le raconter toujours.

— Madame, dit Edward, la grande nature est comme une belle femme. Au premier abord, elle étonne, elle désespère, elle attriste. On se sent indigne et misérable à ses côtés. On porte une envie sombre aux êtres supérieurs, créés pour elle et favorisés de ses sourires. Ensuite, il suffit que cette nature ou cette femme fasse luire à propos un rayon de soleil, ou un regard de bonté, pour changer les dispositions de notre esprit et de notre cœur ; on se rapproche, on s'habitue, on se passionne. On aime chaque jour davantage entendre et regarder le son des cascades et l'abîme des bois, comme la mélodie d'une voix divine, et l'arc délié du plus beau front... Vous verrez bientôt, Madame, que notre grande nature mérite d'être aimé par vous.

— Moi ! sir Edward, je ne demande pas mieux que de l'aimer, l'aimer quelques instants, mais je ne l'épouserai pas... Je ne sais pas trop maintenant ce que je suis venu faire aux Indes... C'est à quoi je rêvais tantôt... On est riche, étourdie, ennuyée; et veuve; on se passionne pour l'indifférence d'une amie; on fait trois mille lieues, et on se trouve face à face avec un tigre en arrivant. Voilà un beau début?... Et vous voulez, sir Edward, que du premier coup-d'œil j'aime cette grande nature qui m'étranglait sans votre secours.

— Je vous en prie, Madame, écartons les personnalités ; il y a vraiment du charme à parler ainsi de toutes sortes de choses, vous au balcon, moi appuyé sur un arbre, et à ne pas parler de soi, surtout pour le plus léger service reçu ou rendu... Croyez, Madame, qu'il m'en coûte de contrarier ainsi vos premières idées sur mon Bengale, mais permettez-moi un plaidoyer en faveur de mon superbe client. Lorsque vous avez été attaquée à Smyrne par deux tigres noirs, la Médisance et la Calomnie, quelque chasseur leur a-t-il lancé deux balles au front ?

— Non, sir Edward, ces deux bêtes fauves vivent encore.

— Et elles vivront, Madame ; l'Antechrist seul doit les empailler pour le musée de Josaphat. Cela dit, n'en parlons plus... Si j'avais un établissement à fonder ou un ermitage à me bâtir, je choisirais mon terrain et mes arbres dans cette presqu'ile du soleil.

— Sir Edward, vous vous abusez, — dit Octavie en riant aux éclats, — Vous n'avez la vocation ni du trafiquant ni de l'anachorète.

— Madame, les vocations varient tous les dix ans dans la vie de l'homme. Il suffit d'un accident vulgaire pour déterminer ces changements. Permettez-moi une supposition... J'aime une femme... l'amour est une chose sérieuse, après trente ans. Les grandes passions viennent tard... Je mets tout mon avenir sur la tête de cette femme ; je fais ma vie de la sienne ; je fais mon bonheur de son sourire et mon horizon de la trace de ses pieds... Un jour, je perds cette femme...

— Avant le mariage, sir Edward?

— Avant le mariage... Oh ! cette fois, je cherche un coin au soleil, une grotte de Camoëns, une île de Robinson, un paradis sans Adam, et j'en fais le tombeau de ma vie, en priant Dieu de m'envoyer, comme en Thébaïde, un lion pour fossoyeur, après ma mort.

— Sir Edward, cela ne vous arrivera pas.

— Le savez-vous, Madame ?

— Il ne faut pas être sibylle de Cumes pour affirmer cela, sir Edward. Vous n'aurez pas de lion pour fossoyeur. Vous vous marierez.

— Avec qui ?

— Dieu le sait. Le monde est peuplé de femmes qui attendent des maris.

— Et qui en refusent.

— Sir Edward, vous ne serez pas refusé.

— Cela m'est pourtant arrivé deux fois, Madame.

— En rêve ?

— En réalité.

— Voyons, sir Edward, contez-moi cela. Ces histoires me divertissent infiniment.

— Madame, à vingt-six ans, j'allais épouser miss Erminia, la fille du consul à Tranquebar. Je débarque, mes papiers à la main, et mon habit de noces sous le bras... La veille, ma fiancée avait épousé un antiquaire en ruines !... Mon second échec matrimonial a été plus terrible; j'étais à l'habitation de la Floride, dans un désert peuplé de lions et d'éléphants; il n'y avait qu'une femme et moi, car je ne devais pas compter un ami, qui ne se souciait pas de cette femme et qui ne voulait pas l'épouser... Cette femme épousa mon ami !

— Malgré lui?

— Mon ami méditait un suicide par désespoir d'amour; il cherchait une arme, il trouva cette femme et l'épousa pour se tuer.

— Il est mort?

— Il est vivant, Madame; il est heureux... il bénit son suicide nuptial; il est riche, il a deux enfants, ou à peu près.

— Je conçois, vous craignez un troisième naufrage...

— Au port... bien plus, madame, mon étoile est funeste à mes amis; vous avez vu cela vous-même à Smyrne. On va se marier, j'arrive en plein bal, et le mariage est rompu !... J'ajouterai même, si la chronique du pays d'Homère n'est pas une fable, j'ajouterai que ma conscience me reproche quelque chose de plus grave...

— Ah! mon Dieu! vous me faites trembler, sir Edward, — dit Octavie en souriant, — Voyons! continuez votre confession.

— M'absoudrez-vous, Madame?

— Si le crime est trop grand, je vous recommanderai à la clémence du ciel.

— On a dit que mon voyage à Smyrne avait rompu le mariage d'un jeune élève en diplomatie avec une belle comtesse de votre connaissance intime.

— Je n'ai pas une belle comtesse dans mes connaissances intimes.

— J'aurais dû vous nommer, Madame : j'étais sûr que vous ne vous reconnaîtriez pas.

— Eh bien! Monsieur, le pays d'Homère a donné un supplément à sa mythologie, à mon occasion... J'ai connu à Smyrne deux jeunes gens pleins d'esprit et de cœur, deux compatriotes ; ils ont bien, l'un et l'autre, murmuré à mes oreilles quelques phrases de galanterie, mais rien de sérieux n'a été prononcé. D'ailleurs, ces messieurs avaient un grand défaut ; ils étaient trop jeunes pour moi.

— C'est un défaut dont ils se seraient corrigés en vieillissant, Madame.

— Oui, mais j'en aurais été corrigée dix ans avant eux. Nous étions du même âge, ils avaient donc dix ans de moins que moi.

— Le compte est juste, en mathématiques nuptiales.

— Vous voyez, sir Edward, que vous n'êtes pas si coupable...

— Mon Dieu ! Madame, quel bonheur vous me donnez ! Vraiment, je ne me serais consolé de ma vie, en songeant que je vous avais enlevé un mari par une fatalité attachée à mon nom.

— Je vous remercie de l'intérêt que vous portez à mes secondes noces, sir Edward. Je ne crois pas à votre fatalité, moi ; et j'espère bien, si je me lie une seconde fois les mains aux pieds d'un autel, que vous signerez à mon nouveau contrat, et que votre étoile ne me portera pas malheur.

— Oh ! Madame, j'écraserai le bec de la plume avant de signer.

— Vous signerez.

— Je ne veux pas, Madame, vous condamner au veuvage à perpétuité ; j'aime mieux me tenir à l'écart, vous voir successivement prendre le deuil de trois maris. Le devoir d'une charmante dame comme vous est de prodiguer les heureux.

— Puisque vous ne signerez pas, je ne me remarierai pas. J'en conviens maintenant, sir Edward, votre étoile a raison.

— Je fais une réserve, Madame. Si le mari que vous élèverez jusqu'à vous me paraît digne de son bonheur, je signe des deux mains.

— Vraiment, sir Edward, je vous trouve plaisant de vouloir contrôler mon choix.

— Vous n'aurez pas ma signature, Madame.

— On s'en passera, Monsieur.

— Croyez-vous, Madame, par exemple, que si vous épousiez M. Tower, je prêterais mon nom à cet attentat?

— Eh! mon Dieu! qui songe à épouser M. Tower? Il s'est épousé lui-même depuis trente ans, et ne se divorcera pas.

— Soit. Je vous abandonne M. Tower... C'est que nous sommes en disette d'hommes, ici, d'hommes blancs, bien entendu! il m'est difficile de choisir mes points de comparaison... je vous permettrais d'épouser le colonel Douglas...

— Vous êtes généreux, sir Edward. Vous me permettez d'épouser le mari d'une autre femme.

— Il ne l'est pas, Madame, il ne l'est pas.

— Il le sera demain ou après-demain.

— Qui sait!

— Ah! ceci est trop fort, Monsieur! nous venons du bout du monde pour achever le mariage d'Amalia, par ordonnance ministérielle, et nous garderions le *statu quo* ! A Smyrne, le OUI nuptial s'est arrêté à l'O ; nous avons fait trois mille lieues pour prononcer les deux autres lettres, et nous resterions muets ! Sir Edward, vous êtes fou !

— Madame, vous êtes au balcon et moi au pied d'un arbre ; à la distance où nous sommes, nous nous entendrons toujours, mais nous ne nous comprendrons jamais ; nous jouons au volant avec des énigmes.

En ce moment, une feuille de papier tomba de l'arbre aux pieds d'Edward.

— A propos d'énigmes, dit la comtesse, voilà un arbre qui produit de singulières feuilles !

— Oui, dit Edward en ramassant le papier nonchalamment, c'est un phénomène végétal. Cela ne se voit qu'au Bengale. Les arbres ont des distractions.

— Vous êtes en correspandance avec quelque sylphide, sir Edward ?

— C'est une page à peu près blanche...

— A peu près.

— Voulez-vous la lire, Madame ?

— Oh ! certainement non ! je respecte les secrets de l'air.

— Ce sont, Madame, quatre vers de notre poète Campbell, l'auteur du poème : *Pleasures of hope (les Plaisirs de l'Espérance)*.

— Ah ! le poète Campbell est perché sur cet arbre ! il fait concurrence aux oiseaux... Malheureusement, le feuillage est si touffu, que l'on ne peut rien voir après la première couche de feuilles... Peut-on lire ces quatre vers ?

— Je vais vous les envoyer, Madame, par quelque femme de service.

Edward fit quelques pas vers la porte de l'habitation avec une hypocrisie d'empressement si naturelle, qu'elle trompa la comtesse Octavie.

— Non, non, sir Edward, dit-elle en riant, ne prenez pas cette peine ; il fait si chaud ! J'aime mieux continuer de causer à distance, comme nous faisons ; causer au hasard, paresseusement, sans sujet, sans but, en saisissant au vol la première folie qui nous tombe dans la tête... Dites-moi, sir Edward, comment ces quatre vers de Campbell ont-ils fleuri sur cet arbre?

— C'est moi qui les ai placés là ce matin... vous m'obligez à me trahir... J'espérais que le vent qui se lève à midi les ferait tomber à vos pieds; ils sont tombés aux miens, les étourdis !

— Cette explication est assez naturelle.

Edward tenait la feuille de papier, négligemment ouverte, aux bout de ses doigts, et il lisait et parlait en même temps. On a probablement compris que Nizam, courant de branche en branche, comme un écureuil, avait laissé tomber cette page écrite, sans lui donner la forme d'une lettre. Elle ne peut se lire que par lambeaux, ainsi qu'Edward la lisait :

« *Sir Edward, mon honorable maître,*

« Le temps va vîte, usons du temps.

— Madame, dit Edward, qui parlait une

phrase et lisait deux lignes, voici les quatre vers de Campbell, traduits en français :

> Oh ! je voudrais être le vent
> Qui dans vos beaux cheveux noirs joue,
> Et met leur ébène mouvant,
> Sur l'ivoire de votre joue !

— C'est très bien traduit, sir Edward !
— Oui, lorsqu'on ne connaît pas l'original.

« *Ce fakir mystérieux qui demande l'aumône* « *aux arbres, s'entretenait ce matin avec un Bé-* « *raidje, trop jeune pour être chauve; je les* « *observais sans être vu, comme toujours...*

— Sir Edward, j'ai dit souvent, en regardant un portrait : Mon Dieu ! quelle ressemblance parfaite ! et je n'avais pas vu l'original. Je fais ainsi pour vos vers.

— Oh ! madame, gardez un instant cette pose ; vous êtes, comme cela, le plus beau portrait de vous-même qui se puisse voir.

« *Le Fakir et le Béraidje se sont séparés,* « *mais avec certains gestes qui m'ont fait sup-*

« *poser qu'un rendez-vous était assigné à la
« même place.* »

— Vous êtes, madame, ainsi posée à ce balcon, le digne pendant d'un tableau de Hook qui est au Louvre. Ici, la distinction et l'élégance aristocratiques ; là-bas, le naturel bourgeois et flamand. Un contraste délicieux.

— Sir Edward, vous cherchez vos pendants un peu loin, ce me semble.

— Votre cadre est superbe ! il y a une fusée de feuilles et de clochettes d'or qui s'élance de l'angle du balcon, éclate sur le cintre, et brise au milieu son arabesque. La balustrade est du meilleur goût indien, et se marie admirablement à ce bras moitié mousseline, moitié ivoire vif, qui s'allonge sur la pierre avec tant de grâce... Laissez-moi donner deux coups de crayon sur ce papier, pour copier le cadre seulement...

« *J'ai couru à mon arsenal, sir Edward ;*
« *j'ai couvert tout mon corps, de la tête aux*
« *pieds, de ma toile de rizière ; c'est un strata-*

« gème de costume assez bien réussi. La toile
« est semée, dans toute sa longueur, de chalu-
« meaux de riz bien touffus et vertement hé-
« rissés. Ainsi déguisé, je me suis étendu à
« plat ventre sur le lieu du rendez-vous du Fa-
« kir et du Béraidje, en mêlant mon terrain
« artificiel à la verdure naturelle de la ri-
« zière... »

— Ainsi donc, sir Edward, vous me faites poser pour mon cadre ?

— Excusez-moi, madame ; prêtez-moi encore deux instants, et je vous rendrai ma vie.

— Quel trafic d'usurier me proposez-vous ? sir Edward !

— Le fond de votre portrait, madame, est d'un beau noir lumineux, parce que votre galerie n'a que deux ouvertures, fort éloignées l'une de l'autre, à chaque extrémité. Sur ce fond d'ébène tendre, votre visage, vos épaules, vos bras, votre corsage de mousseline blanche se détachent à ravir... Permettez-moi, madame, de croiser quelques traits d'ombres pour exprimer ce fond. Une fois dans ma vie, je veux faire le portrait d'un cadre.

« *Le Fakir et le Béraidje sont venus. Ils ont
« regardé circulairement autour d'eux. Le dé-
« sert était désert, comme nous disons en in-
« dien. Ils ont déposé je ne sais quoi, des armes
« probablement, dans les grandes herbes qui
« voilent l'entrée d'une grotte d'où s'échappe
« un petit ruisseau. Ensuite, le Fakir a dit :*
« IL Y A DIX ANS QUE NOUS AVONS COMMENCÉ CE
« TRAVAIL ; EN QUELQUES JOURS, EN QUELQUES
« HEURES, IL SERA TERMINÉ, AVEC L'AIDE DU DIEU
« SIVA. *L'autre a dit :* LA NUIT PROCHAINE,
« NOUS POURRONS ENFIN ATTAQUER L'HABITATION
« DE NERBUDDA, ET TUER LES CHEFS DE NOS
« ENNEMIS... »

— Sir Edward, dit la comtesse avec impatience, il vous faut beaucoup trop de temps pour peindre des ombres. Je vous laisse le cadre, et je descends.

Edward termina la lecture de cette lettre effrayante, tout en dessinant à la hâte, sur une autre page, le balcon, orné des quatre vers de Campbell *.

La lettre du fidèle Nizam avait la conclusion suivante :

« *Ainsi, honorable maître, j'avais raison
« de soupçonner ces faux mendiants et ces
« faux laboureurs qui maraudent çà et là, aux
« environs de l'habitation. Les Taugs ont or-
« ganisé quelque plan diabolique. Pendant que
« nous songeons à les attaquer chez eux, ils
« méditent de nous égorger chez nous. Ils se
« disposent à mettre à exécution un projet
« vieux de dix ans. Quel est ce projet? Nous le
« verrons à l'œuvre. Tenons-nous sur nos gar-
« des. Veillons.*

« *Je n'ai pas voulu me montrer à l'habita-
« tion, de peur d'y être retenu et d'y perdre un*

---

* Le poète Campbell est mort cette année en France, à Boulogne-sur-Mer. Son corps a été transporté à Londres et inhumé à Westminster.

« *temps précieux. J'ai suivi, par les arbres,*
« *le chemin de l'Air. A la première nuit de*
« *danger, après la fermeture des portes de*
« *Nerbudda, vous entendrez ma voix. Les*
« *Taugs ne se doutent pas que je suis leur avant-*
« *garde. Tenez-vous prêts : le péril est immi-*
« *nent.* »

Edward s'avança jusqu'au pied du perron, pour recevoir la comtesse Octavie, et dès qu'elle parut :

— Voilà, madame, lui dit-il en lui montrant la page du dessin, voilà un portrait absent que je garderai toute ma vie.

— Oui, sir Edward, c'est fort juste ; il ne manque rien à ce portrait que le portrait.

— Le souvenir est un grand peintre, madame. Je pourrais oublier cette arabesque de feuilles et cette pluie de fleurs ; ce joli balcon, nuancé par les caresses des branches flottantes et des rayons de soleil ; ces arêtes vives, qui se découpent dans une éclaircie d'azur et d'or ; mais je n'oublierai jamais la gracieuse image qui me souriait dans la transparence lumineuse de ce cadre, et mon souvenir la repeindra sans cesse à ce balcon, sans jamais craindre que les injures de l'air ou de l'homme n'altèrent son éblouissante pureté.

— Sir Edward, ne tournons point l'entretien au sérieux ; je crains de tomber en mélancolie... Croyez-vous que ma position m'inspire des idées plaisantes ? il me faudra plus d'un jour pour m'acclimater dans ce pays, où je suis venue comme une étourdie, ne prenant conseil que d'une idée, reconnue absurde en arrivant.... Voulez-vous me plaire, sir Edward ?

— Mais cela me plairait assez, madame.

— Renoncez au genre sérieux ; soyez toujours gai, sir Edward, absolument comme si vous aviez toujours deux tigres devant vous ; et lorsque vous aurez quelque chose de triste à me dire, dites-le moi gaîment.

— C'est convenu, madame. Voyons de quoi causerons-nous, avec accompagnement perpétuel de sourires ?

— Reprenons l'entretien où nous l'avons laissé, à la chute du quatrain de Campbell.

— Adopté à l'unanimité ! Nous traitions justement le plus frivole des sujets et le moins sérieux, nous causions mariage.

— Êtes-vous bien sûr de cela, monsieur ?

— Vous m'avez fermé la bouche, madame, au moment où j'allais vous proposer de signer au contrat si, à défaut de Douglas, reconnu impossible, vous épousiez le comte Elona Brodzinski. Notre entretien était d'une gaîté folle... Le comte Elona est un jeune homme d'une haute distinction de manières et d'esprit ; toutefois un peu trop enclin à la causerie sérieuse ; il est vrai que l'habitude...

— Eh mon Dieu ! nous connaissons le comte Elona, sir Edward !... je vous dispense de me faire son portrait.

— Au fait, c'est juste vous le connaissez

mieux que moi, madame, je n'y songeais pas ; j'ai d'incroyables écarts de pensée. Je signerais avec empressement à votre contrat de mariage, si vous épousiez le comte Elona. C'est un parti sortable de toute façon.

Octavie s'assit sur une banquette de bambous tressés, croisa négligemment les bras et regarda la terrasse, les arbres, la façade de la maison, comme si elle eût été bien aise de connaître, en détail, dès le premier jour, la physionomie des localités. Edward, debout devant elle, chiffonnait une feuille de bananier, en achevant sa phrase, écoutée avec une nerveuse distraction.

— J'ai été fort heureux, moi, dans le choix de deux amis, poursuivit Edward : le colonel Douglas et le comte Elona se complètent l'un par l'autre, et me rendent à mon insu de grands services de société. Lorsque le penchant de l'heure m'excite au propos léger, je vais à Douglas et nous rions comme des enfants. Lorsque le moment conseille la gravité méditative, en excluant le badinage, je vais au comte Elona. On est affamé de mélancolie, quelquefois, dans certaines phases du jour; et souvent on ne pourrait en trouver un seul grain en soi ; il faut alors l'emprunter à autrui, et le comte Elona est en fonds de ce côté.

— Sir Edward, maintenant l'entretien tourne à la malignité — dit la comtesse avec un ton d'indifférence somnolente qui voulait déguiser une sensation opposée — seriez-vous méchant, quelquefois par hasard ?

— Mais, madame, je ne vois rien de blâmable dans ce que je viens de dire. Moi, faire de la médisance ! oh ! je suis trop égoïste, trop avisé, trop prudent ; je suis trop jaloux de mon repos. Je connais le fameux proverbe chinois, *qui s'endort médisant se réveille calomnié.* J'ai la crainte du lendemain.

— Alors, je me suis trompée ; excusez-moi, sir Edward. Il m'a semblé que vous traitiez le comte Elona un peu trop en ami.

— Personne n'estime plus que moi le comte Elona, madame, seulement...

— Croyez-moi, sir Edward, brisons-là. Le comte Elona est absent.

— Oui, mais il n'a pas tort. C'est moi, madame, qui vous ai blessée peut-être, à mon insu, et je m'en repends.

— Voilà le sérieux qui revient, sir Edward!.. Voyons, avez-vous épuisé la liste de mes maris possibles, et approuvés par vous?

— Vous avez raison, madame ; au diable le sérieux !.. Lançons-nous dans les folies. Nous avons sur les arbres quarante degrés Réaumur, il fait trop chaud pour être grave... Il est donc convenu que vous rejetez comme maris, MM. Tower, Douglas et le comte Elona...

— Continuez, continuez, sir Edward.

— Bon! c'est convenu... Eh! bien, je cherche autour de ces trois messieurs, et je ne trouve plus personne.

— Vous cherchez mal, sir Edward.

— Attendez, madame... attendez... Connaissez-vous le capitaine Moss à Roudjah?

— Non.

— Le capitaine Taylor?

— Non.

— Eh bien, madame, j'ai épuisé le Malabar nuptial, passons au Coromandel.

— Je ne connais personne au Coromandel; cherchez ailleurs, sir Edward.

— Madame, si vous ne m'aidez pas dans mes recherches, je n'ai plus un nom blanc à vous citer.

— Vous avez donc oublié le vôtre, sir Edward?

— Ma foi! je n'y songeais point. Je vous remercie, madame... Eh bien! puisque vous m'autorisez à me mettre sur les rangs, je vous promets de signer au contrat, si vous m'épousez.

— Et votre fatale étoile?

— Nous nous marierons au soleil.

— C'est adroit, sir Edward; l'étoile sera bien

confuse quand elle vous trouvera marié en se levant. Elle donnera sa démission.

— Tant pis pour elle !

— Sir Edward, je suis contente de vous; c'est bien ! vous comprenez comme il faut la plaisanterie... Ainsi poursuivons... L'étoile a manqué son coup; nous voilà mariés. Nous avons échangé un *oui* qui, cette fois, ne ressemble pas à un *non ;* je suis votre femme; je suis lady Klerbbs... Dites, quel genre d'existence mènerons-nous, *my dearest husband,* mon très cher mari ?

— Il n'y a pas à choisir, ma très chère femme, nous prendrons le meilleur.

— Qui commandera, de vous ou de moi ?

— Madame, nous commanderons tous les deux.

— C'est trop de chefs, monsieur.

— Madame, j'obéirai.

— Combien de temps?

— Toujours.

— Ils disent tous la même chose, ces hypocrites !

— Essayez, madame, de commencer.

— Plût à Dieu qu'il fût permis d'essayer le mariage ! c'est que malheureusement l'essai dure toute la vie, et le repentir peut durer jusqu'à la mort.

— Madame, on vient d'établir à Londres, à *Long-Acre*, une compagnie sérieuse qui assure les deux sexes contre le repentir.

— Très bien ! sir Edward : vous poursuivez la plaisanterie avec une verve de quarante-cinq degrés Réaumur.

— Je ne plaisante point, hélas ! Cette compagnie d'assurances existe. Je m'y suis fait assurer en passant. Il suffit de cinq témoins honorables attestant sur l'honneur qu'ils vous ont surpris en flagrant repentir de quelque chose, pour être largement dédommagé. Le capital est de dix millions. C'est beau !

— Voilà qui est fort encourageant pour moi, sir Edward ! A Londres, vous aviez donc fait des projets de mariage, puisque vous songiez au repentir?

— Non, Madame, je me suis fait assurer au hasard, et surtout pour obliger un de mes amis, M. Pierson, qui a pris douze mille actions dans la compagnie.

— Avec quel sérieux il me dit cela!

— Voulez-vous parier un mariage que cela soit vrai, Madame?

— Un mariage avec qui?

— Parbleu! avec moi.

— Alors, c'est une espèce de bigamie, sir Edward; il est convenu que nous sommes mariés.

— Pardon, madame, je l'avais oublié en causant avec vous.

— Vous êtes galant, monsieur. Si j'étais assurée contre le repentir, je demanderais déjà des dommages et intérêts à la compagnie.

— Il vous manque les cinq témoins honorables.

La jeune femme garda quelque temps le silence ; sa main droite jouait avec le bracelet de la gauche ; un léger sourire flottait sur sa figure, et ses lèvres à demi ouvertes annonçaient qu'une pensée timide allait se traduire en paroles.

— Sir Edward, dit-elle, je ne vous ai vu que trois fois dans ma vie ; à la première, je vous ai estimé ; à la seconde, je vous ai maudit, à la troisième...

— Si vous observez les lois de la gradation, je suis perdu.

— A la troisième, je vous ai épousé.

— J'attendais quelque chose de mieux, madame...

— En observant les lois de la gradation ?

— Non, madame, les lois des contrastes, après m'avoir maudit.

— Vous êtes trop ambitieux, sir Edward ; vous voulez emporter d'assaut une affection au bout de trois jours.

— Mais, madame, dans votre pays, il n'en

faut pas davantage pour faire une révolution. Je suis l'esclave des modes de Paris, moi.

— Sir Edward, dit Octavie avec un léger soupir, nous faisons bien du chemin, en riant.

— Malheureusement c'est en riant, madame.

— N'est-ce pas la plus agréable manière de voyager?

— Puisque c'est la vôtre, Madame, je l'ai acceptée sérieusement.

— Nous nous arrêterons là aujourd'hui, si vous voulez bien, sir Edward?

— Madame, je n'aime pas les relais, en voyage.

— Ne voyez-vous pas le colonel Douglas qui marche vers nous?

— Je ne ne vois que vous, madame.

— Alors, permettez-moi d'avoir des yeux pour vous.

Le colonel Douglas salua la comtesse Octavie,

et serra la main d'Edward, en lui disant lestement en indien : « J'ai vu Nizam. »

— Colonel Douglas, dit Octavie, j'ai une idée.

— Vous êtes bien modeste, madame, dit le colonel.

— Je crois que le bonheur est dans cette habitation délicieuse, et je veux m'y fixer.

— Madame, dit le colonel, ce serait certainement une bonne fortune pour moi, mais je n'oserais vous engager à établir ici votre domicile.

— Et pourquoi donc, colonel Douglas !

— Mais, madame, dit Douglas avec embarras, la vie que nous menons ici ne pourrait être longtemps de votre goût. Au premier abord, cette originalité du paysage a un certain charme de séduction, j'en conviens. Cela ne ressemble à rien, et cela plaît comme tout ce qui est nouveau ; mais on s'en dégoûte vite... demandez à sir Edward.

— Oh ! dit Octavie, sir Edward n'est pas de

votre avis; il vient, au contraire, de me parler de Nerbudda avec un enthousiasme d'artiste...

— Oui, dit Douglas, Edward se laisse facilement exalter par moment : mais après réflexion il voit les choses avec un calme de mathématicien... N'est-ce pas, Edward ? ajouta Douglas d'un ton intentionné, qui rappelait à Edward la terrible lettre de Nizam, oubliée dans un entretien trop rempli de charmes.

Octavie regarda fixement sir Edward, qui hésitait à répondre, lui si prompt à la réplique, toujours.

— Cela dépend beaucoup du caractère, de l'organisation, dit Edward. On peut vivre ici comme ailleurs, quand on a le goût de la solitude et de la méditation ; c'est la retraite qui convient à un homme qui s'est fait égoïste, après avoir fait trop de bien à des ingrats...

— Sir Edward, dit Octavie en riant, je ne vous ai jamais entendu parler de ce ton. Vous ressemblez à un orateur méthodiste qui a mis en fuite son auditoire, et qui achève son discours parce qu'il est payé.

— C'est que, Madame, dit Edward avec un sérieux vrai comme un masque tragique, on est fort embarrassé de donner un conseil pour le choix d'une résidence. Sait-on ce qui peut advenir ? En conseillant, on assume une grave responsabilité. Aujourd'hui, nous jouissons de toutes les douceurs de la paix; aussi, voyez comme notre existence est tranquille. L'absence des soucis est peinte sur notre front. Mais, dans ce pays, rien n'est stable. Ce beau ciel de l'Inde, ce ciel bleu indigo, peut se cuivrer demain et nous incendier avec l'artillerie de ses tonnerres, ou nous noyer avec ses océans suspendus. Les campagnes voisines peuvent se hérisser de monstres indiens, altérés de notre sang et ennuyés de notre domination. Il ne faut qu'un éclair dans les nues et un mot sur les lèvres d'un fakir pour détruire notre sécurité. Je crois avoir formulé ainsi exactement la pensée du colonel Douglas; car notre Douglas, Madame, c'est le courage et la prudence fondus ensemble et personnifiés.

— Colonel Douglas, — dit la comtesse légèrement émue, — parlez-moi avec franchise ; entrevoyez-vous quelque invasion de dangers autour de nous? Vous et sir Edward, vous ne seriez pas hommes à parler sur ce ton à une femme, si vous étiez en pleine sécurité pour votre présent ou pour votre avenir.

— Madame, dit Douglas, le présent est à nous, et il ne nous donne aucune inquiétude ; mais l'avenir est à Dieu et à nos ennemis.

— Vraiment, je ne vous conçois pas, Messieurs, — dit la comtesse avec un geste brusque d'impatience. — Ce matin encore, vous m'affirmiez l'un et l'autre que vous habitiez le paradis terrestre, que le bonheur n'était qu'à Nerbudda, que la paix du Bengale était signée pour toujours, que les formidables Taugs étaient passés à l'état d'agneaux... Tout-à-coup, votre langage change... depuis une heure, nous sommes placés entre un déluge et un volcan. Nous sommes destinés à périr par l'eau ou par le feu.

— Oh ! n'exagérons rien, madame, — dit le colonel avec un rire mal fait, — si nous avons parlé ainsi, c'est que nous avions un conseil à vous donner, pour votre résidence à Nerbudda... lorsqu'il s'agit de l'avenir, on doit être prudent, madame, à l'endroit des conseils.

— Tout ceci ne me paraît pas fort naturel, — dit la jeune femme, en secouant la tête. — Colonel Douglas, c'est probablement aussi cette crainte de l'avenir qui vous fait reculer chaque jour devant votre mariage...

— Non, madame ; je m'occupe de mon mariage plus que jamais...

— On s'en aperçoit peu, colonel Douglas... Au reste, ce ne sont plus mes affaires... Voyons, à ma place, que feriez-vous ? Indiquez-moi un domicile sur le territoire anglais. Je veux abonder dans le sens de vos craintes, fondées ou non... Je quitte Nerbudda... Où dois-je aller, maintenant ?

— Mais, dit le colonel avec un calme affecté, le joli village de Roudjah est une résidence fort agréable; il y a une petite société européenne...

— Colonel, votre Roudjah est inhabitable; j'aimerais mieux la cabane de la nuit dernière. Ne parlons pas de Roudjah.

— Vous pourriez choisir un port de mer sur le littoral du Malabar.

Octavie se tut quelques instants, et se dit à elle-même dans un monologue mental : — Décidément, ces messieurs veulent m'éloigner d'ici; raison de plus pour y rester. Je me retirerais devant un danger : le danger n'existe pas, je ne veux pas me retirer devant une intrigue : l'intrigue existe. On me trompe, trompons.

— Oui, dit Octavie, j'aimerais assez une ville maritime de l'Inde, surtout pour les bains de mer... Bombay a de grands agréments, je crois...

— Bombay, Madame, est un faubourg de Londres, dit Edward.

— Je serais fort curieuse de voir Golconde

aussi, à cause d'un opéra qui m'amusait beaucoup dans mon enfance.

— Madame, dit Edward, je me mets à votre disposition. Nous avons ici d'excellents porteurs de palanquin, et si vous demandez un guide, je mets mon érudition indienne et mon dévoûment à vos pieds.

La colère commençait à poindre sur le visage d'Octavie. Elle se voyait congédiée adroitement par ce même homme qui venait de lui témoigner tant d'amour... Elle se leva pour ne pas éclater, et saluant gracieusement ses deux interlocuteurs :

— Messieurs, dit-elle, nous nous reverrons à dîner, n'est-ce pas ?... Je vais réfléchir un peu sur ma petite incursion au Bengale... Nous en reparlerons... Ceci mérite d'être longuement débattu avec un homme aussi instruit, aussi brave, aussi prudent que le colonel Douglas; avec un homme aussi dévoué, aussi noble, aussi sincère que sir Edward.

Octavie fit un salut plein de grâce amicale, et rentra dans l'habitation.

UNE LETTRE DE SIR EDWARD.

III

Octavie s'enferma dans son appartement et ne descendit plus, même lorsque la cloche sonna le repas.

Elle se trouvait dans cette singulière disposition d'esprit dont une femme ne sait pas se rendre compte, et qui, ne pouvant être clairement expliquée, produit une irritation vague et un intolérable ennui. Octavie ne savait pas trop bien si elle aimait le comte Elona ou si elle le détestait. L'amour qui n'a point encore jeté de racines, et la haine qui vient de cet amour dédaigné en naissant, composent, dans les ténèbres du cœur, une passion étrange et sans nom humain. La nuit dernière, grande et longue comme une vie, avait, il est vrai, rejeté dans un passé lointain cet amour ou cette haine, et dévoilé un nouvel horizon à la jeune femme; mais la blessure de l'amour-propre, bien plus vive que celle des autres sentiments, saignait encore. La comtesse Octavie, avant de se hasarder dans un autre rêve d'avenir, aurait voulu se délivrer entièrement, par un procédé quelconque, des vagues inquiétudes du passé. Elle aurait voulu surtout voir s'accomplir le mariage de Douglas et d'Amalia, car ce mariage la vengeait innocemment, à ses yeux, des dédains du jeune comte; il isolait ce dangereux prétendant, et l'obligeait à mettre encore entre elle et lui la barrière des mers. Cette attente était chaque jour trompée. Douglas, par un motif inexplicable ou trop clair, ne paraissait pas fort empressé d'en finir avec ce mariage.

Douglas, pensait Octavie, était peut-être lié par quelque hyménée clandestin, chose commune aux colonies, et il favorisait secrètement l'amour du comte Elona, espérant satisfaire ainsi aux volontés du ministre et aux exigences de son honneur. La perspicacité d'Octavie n'était pas trop en défaut sur ce point. D'un autre côté, la haine déraisonnable et immortelle qu'elle avait vouée à sir Edward n'existait plus, et l'estime ne lui paraissait pas un sentiment assez vif pour remplacer dignement cette haine à jamais éteinte. Un grand sentiment demande un successeur de même proportion, et la froide estime n'a pas, en ce cas, une valeur acceptable. L'amitié a son prix ; mais entre un homme jeune et une jeune femme elle est trop exposée à l'ambition dangereuse de changer de nom. Octavie aurait bien voulu se donner à elle-même un ajournement à des temps plus calmes, afin de prendre une de ces déterminations souveraines qui apaisent les ennuis. L'heure était brûlante, et n'accordait à la pensée aucun sursis. La belle veuve s'étonnait d'oublier si souvent les dédains du comte Elona pour songer à cette nuit terrible et charmante, où le noble Edward s'était révélé à elle, comme il aurait fait dans une vie toute entière. Elle se retraçait vingt fois cette mâle simplicité d'héroïsme ; cette délicatesse sublime, dans un tête-à-tête ténébreux ; ce tranquille courage, cette protection modeste accomplissant un devoir, sans éclat, sans forfanterie, comme pour dispenser de la reconnaissance. A la vérité, dans cette même nuit, sir Edward avait déclaré son amour, en termes non équivoques, mais la circonstance l'exigeait, et d'ailleurs cet éclat spontané de la passion ne faisait que mieux ressortir la respectueuse réserve de toute la nuit et du jour suivant. Au dernier entretien du balcon et de la terrasse, lorsqu'Edward ramenait avec adresse le discours sur un terrain trop brûlant, ne suffisait-il pas d'un mot ou d'un signe d'Octavie pour donner à la conversation cette légèreté folle qui permettait de tout comprendre, sans offenser ?

La brusque intervention de Douglas, à la fin de ce dernier entretien, avait troublé la tête d'Octavie, et confondu encore dans un cahos sombre tant de sensations diverses, anciennes ou présentes, qui commençaient à se dissiper pour donner place à une ère nouvelle. Quel était le sens de ce signe d'intelligence que Douglas venait de faire à Edward, et qui avait été saisi au vol par un infaillible regard de femme? Pourquoi sir Edward, jusqu'à ce moment si joyeux et si léger, s'était-il renfermé dans un silence morne, avec un visage rêveur? Octavie se perdait en conjectures, et elle élevait même des doutes sur cette lettre équivoque tombée d'un arbre aux pieds de sir Edward.

Quelques heures avant le coucher du soleil, notre héroïne vit entrer dans sa chambre une jeune fille indienne, qui déposa une lettre sur un guéridon chargé de fruits et de rafraîchissements.

La messagère allait sortir après avoir fait sa commission, mais Octavie courut à elle et l'arrêta pour lui demander de quelle main venait cette lettre. La jeune fille fit une longue réponse, en langue bengali, qui impatienta la comtesse, et elle sortit, fière comme si elle eût été comprise.

Octavie tourna quelques instants autour de la lettre, n'osant la toucher, comme si elle eût redouté une explosion. L'écriture de l'adresse avait une allure anglaise qui lui donnait une sorte d'épouvante. Cette lettre, à ne pas en douter, était de sir Edward. Les convenances méticuleuses ordonnaient de la rendre sans l'ouvrir à l'auteur présumé... Cependant, on ne doit pas raisonner ses scrupules, au cœur du Bengale comme à la rue Neuve-du-Luxembourg, surtout avec un homme plein d'exquise délicatesse, l'homme si brave, si timide, si réservé de la dernière nuit... On mettait une certaine complaisance dans cette réflexion... D'ailleurs on peut se tromper... Cette lettre est peut-être du colonel Douglas ou de M. Tower... Les écritures anglaises se ressemblent toutes... L'Angleterre n'a qu'une seule main pour écrire les lettres des trois royaumes... A ce point que tout Anglais, en recevant une lettre, croit souvent qu'il se l'est écrite à lui-même par distraction.

Ces raisons justificatives poussaient la main de la jeune femme, et une infernale curiosité venait encore au secours de ces raisons.

Le cachet n'a point d'armes à sa cire. Ce n'est donc pas sir Edward... Il met son blason partout. Alors c'est M. Tower... Il serait absurde de frissonner ainsi devant l'écriture de M. Tower, mais à la première ligne on ne frissonnera plus.

Pour s'exciter à l'imprudence, Octavie crut devoir se dire à elle-même à haute voix; elle est de M. Tower !

Elle rompt le cachet, court des yeux à la signature... Non ! elle est de sir Edward !... qui l'aurait cru ? Octavie d'abord.

La lettre ouverte... Eh bien! se dit Octavie, il faut la refermer et la rendre avec dignité à sir Edward, avec cette dignité qui supprime la récidive.

Ce doit bien être curieux pourtant une lettre de sir Edward!... elle répéta trois fois cette phrase...

— On la rendra sans la lire, mais sir Edward ne croira jamais qu'elle n'a pas été lue. On gagne donc toujours quelque chose en la lisant.

Ainsi raisonnant, Octavie reprend la lettre, — et puis, dit-elle, à voix basse, lisons les premières lignes; il ne tient qu'à moi de m'arrêter où bon me semblera... A la moindre phrase inconvenante, je jette la lettre par-dessus le balcon. L'offense retombera sur lui.

Elle mit la main sur son cœur, comme pour lui ordonner de prendre son calme ordinaire, et elle lut :

Sir Edward à madame la comtesse Octavie.

« Il n'y a rien d'amusant comme le jeu des conjectures, madame ; j'ai souvent joué ce jeu, j'ai perdu ; mais j'en suis fou.

A ce début, Octavie se donna un sourire et respira.

— Je m'étais alarmée en vain, murmura-t-elle entre ses lèvres. Sir Edward me continue son entretien léger de tout à l'heure ; seulement, il en fait un monologue épistolaire ; c'est mieux.

Octavie ne connaissait pas encore bien sir Edward. En se décidant à écrire une lettre, Edward avait deviné toutes les susceptibilités de la belle veuve française, et il n'était pas homme à brusquer un début alarmant qui lancerait sa lettre par-dessus le balcon. Il avait donc gradué la forme et le fond de l'épître avec tant d'art, qu'il espérait conduire la lectrice insensiblement, et comme à son insu, jusqu'à la fin.

La jeune femme, un peu remise de son émotion après ces trois lignes, continua sa lecture, en l'interrompant quelquefois pour prendre conseil d'elle-même, et s'inventant toujours une excuse à l'appui de sa curiosité.

« Madame, nous sommes trois habitants du désert, vous, le colonel et moi; trois anachorètes. Eh bien! dans ce royaume composé de trois personnes, il en est déjà une qui trouve que ce monde de trois âmes est inhabitable, et qui se réfugie dans un désert beaucoup plus désert, pour ne pas vivre avec cette horrible société réduite à deux individus.

« Bien plus! depuis le moment de votre brusque retraite, nous sommes en délicatesse, le colonel et moi. En perdant la plus belle moitié de notre petit genre humain, nous avons perdu le charme vivant qui adoucit l'âpre tristesse des solitudes. La colère fermente en nous, nous nous observons avec des yeux inquiets; les hostilités sont à la veille d'éclater à la première occasion. Le colonel et moi, nous formons déjà deux partis bien distincts, comme les wighs et les tories. Si nous avions deux presses, nous fonderions deux journaux pour nous démolir mutuellement et renverser notre ministère. Je serai peu étonné si je me vois demain rangé en bataille contre lui, et commencer une guerre pour réjouir les corbeaux.

« Après avoir abandonné ce désert, trop peuplé pour vous, madame, vous vous êtes lancée dans le sombre sillon des conjectures, sans guide et sans fanal. Les conjectures sônt d'amusantes erreurs ; on ne sait pas cela, lorsqu'on a le bonheur d'être jeune comme vous, madame..... Un jour, j'avais donné un rendez-vous d'extrême obligation au plus exact de mes amis, la veille pour le lendemain ; j'arrivai le premier, j'attendis jusqu'au soir, je restai seul. Il fallut bien dérouler la série des conjectures. j'inventai deux cent-soixante-huit cas d'empêchement, pour excuser la faute inexcusable de mon ami. J'avais tout prévu, tout deviné, tout calculé ; j'étais entré dans tous les mystères de la vie du jeune homme ; j'avais déroulé, pièce à pièce, le mécanisme de mille ressorts dont un seul, en se brisant, peut arrêter le pied déjà levé pour marcher à un rendez-vous ; je voulais enfin me donner la satisfaction de dire à cet ami, lorsqu'il arriverait, son excuse aux lèvres : — Mon cher, j'avais deviné cela. — Le seul et véritable motif avait été oublié dans le répertoire de mes investigations, pendant la nuit, mon ami était mort !

« Depuis ce jour, j'ai renoncé aux conjectures, et je m'en trouve bien.

« Nous causions ensemble aujourd'hui après midi ; nous causions de bonne amitié, accordez-moi le mot, Madame. Tout à coup un nuage a traversé notre entretien, un de ces nuages qui se lèvent, sans raison atmosphérique, au milieu d'un jour serein. Votre voix a pris des notes sérieuses, une fine contraction d'ironie a aiguisé votre regard ; vous nous avez quittés avec cette politesse froide du monde et des salons, qui est formidable dans un désert et sous des palmiers. Il m'a semblé voir le foyer du théâtre italien s'ouvrir dans une gorge peuplée de tigres noirs ; puis, vous avez disparu. La tristesse est tombée de la cime des arbres ; le soleil s'est couché à midi.

« Oui, Madame, j'avoue que l'arrivée du colonel a donné à notre entretien un nouveau caractère, et que le ton que nous avons subitement pris alors côtoyait l'impolitesse. Il semblait que nous vous disions : Madame, votre présence nous importune ici ; vous devriez vous retirer... On trouve dans certains esprits intelligents une perception si délicate, qu'ils comprennent le sens d'un silence, d'un maintien, d'une attitude, à plus forte raison d'une parole qui, n'abordant pas franchement ce qu'elle veut dire, laisse supposer le contraire de ce qu'elle dit. Ce privilège d'organisation vous l'avez, Madame ; mais comme toutes les rares facultés de ce monde, il dépasse quelquefois le but, et par luxe d'intelligence, il conduit à l'erreur.

« C'est alors que vos conjectures ont commencé.

« Ces Messieurs, avez-vous pensé, ont voulu m'éloigner de leur entretien d'abord, de leur maison ensuite. Ma présence les gêne pour l'accomplissement de quelque chose de mystérieux... Cette habitation est peut-être un asile ouvert à des orgies ou à des crimes cachés au monde et au soleil... Ils ont arrangé ensemble le mariage du comte Elona et d'Amalia, et ils m'en excluent comme témoin...

« Je pourrais, Madame, vous détailler ainsi toutes les conjectures que vous avez faites, et quand j'aurais épuisé le trésor de votre imagination, il me serait aisé de vous prouver que nous n'avons ensemble détaillé que des erreurs. Vous dire qu'au fond de tout cela il n'y a rien, absolument rien, ce serait vous tromper, et vous tromper avec gaucherie : car, pour des oreilles fines et exercées, un entretien est comme une symphonie exécutée par d'habiles artistes, à la moindre discordance des cuivres ou des cordes, on peut affirmer qu'il se passe, dans l'orchestre, quelque chose qui n'a rien de commun avec la partition. Maintenant, vous me demanderez, madame, de venir à votre aide, et de mettre le nom de ma vérité mystérieuse à la suite de vos erreurs. Quand je vous aurai répondu, selon vos ordres, vous verrez que cet ami, dont je vous parlais tout à l'heure, est mort une seconde fois. Mais, dans notre intérêt commun, il me faut attendre quelques jours pour vous révéler cette seconde mort.

« Moi, madame, entrer dans un complot qui vous obligerait à vous éloigner d'ici! Je chasserais le monde entier de la place qui serait désignée par vous, et je vous y laisserais seule comme un monde, à condition de l'habiter à vos pieds. Notre maison de Nerbudda est triste; si vos yeux l'éclairent et la réjouissent pour nous et pour un peuple de serviteurs, vous êtes la seule locataire exclue du bonheur commun qui est votre œuvre. Cela n'est pas juste. Donnez moi un ordre, madame, et, à l'instant même, je vous conduis dans une retraite plus digne de vous, au centre des possessions européennes. Votre palanquin est prêt. Nous vous ferons bonne escorte jusqu'à Roudjah. Vous passerez la nuit dans ce village, et demain, je vous promets de vous installer, comme une divinité que vous êtes, dans une habitation charmante, entourée de fermes et de petits villages, et fondée par des planteurs français, vos compatriotes, qui vous feront l'accueil le plus hospitalier. Vous croirez être à Meudon, à Auteuil, à Fontenay-sous-Bois; vous serez tentée de demander votre voiture pour vous montrer sur le boulevard de Paris. Si vous saviez toute la peine que la nature a prise dans ce coin de terre, pour s'habiller à la française, vous viendriez la bénir demain en partant ce soir, On dirait que cette bonne mère a songé à vous; et qui sait si elle n'y a pas songé ! elle a supprimé les arbres des tropiques à deux lieues à la ronde ; elle a donné à la terre une végétation européenne, et aux jardins un aspect civilisé. Il y a deux collines, taillées sur le patron des côteaux de Meudon et de Saint-Germain ; elles s'entr'ouvrent pour laisser couler une petite rivière qui ressemble à la Seine comme deux gouttes d'eau. Comtesse Octavie, il ne tient qu'à vous d'être la châtelaine de cette seigneurie française au Bengale. Le colonel Douglas, possesseur du manoir de Kearim : vous le vend, au prix déjà payé, cent livres, ou deux mille cinq cents francs. Au cœur du Bengale, les montagnes ont la valeur commerciale d'un caillou de France ; on achète une forêt immense comme un bouquet d'opéra, une rivière comme un ruisseau. C'est l'âge d'or, c'est le siècle d'Adam. Quand le paradis terrestre fut vendu par expropriation forcée, l'acheteur ne le paya pas, et encore il trouva le marché onéreux.

« Vous me permettrez, je l'espère, Madame, d'aller vous rendre quelques visites dans ce domaine créé pour vous. Nous viendrons tous les jours, le colonel ou moi, prendre vos ordres, et savoir si ce nouveau genre de vie est à votre convenance et peut devenir pour vous une douce habitude. Si nous nous étions trompés, toutes les portes de l'habitation de Nerbudda se rouvriraient pour vous recevoir, et j'inventerais des fêtes, s'il le faut, pour adoucir votre exil volontaire, et changer votre prison en paradis.

« Le vent du nord souffle et rafraîchit l'air. La fin du jour sera charmante. Tout favorise, ce soir, notre petit voyage ou notre grande promenade. Trois palanquins sont prêts pour vous et vos femmes de service. L'escorte est à cheval. Ordonnez, vous êtes reine ici, vous n'avez que des serviteurs, et le plus dévoué de tous se nomme, à vos pieds,

« Edward K... »

Au premier abord cette lettre d'Edward semble dépourvue de tact, et de mesure ; elle trahit un trop grand empressement d'éloigner Octavie ; et l'on ne sera pas étonné si elle manque son but: Mais il était impossible à Edward d'écrire autre chose dans l'heure brûlante qui précipitait sa plume sur le papier. La nuit allait tomber bientôt avec des terreurs et des périls au-dessus du courage humain; il fallait donc, à tout prix, éloigner une jeune femme de ce théâtre lugubre où le plus épouvantable des drames devait se jouer. Nizam, avec ses facultés infaillibles, n'était pas homme à sonner l'alarme pour des dangers imaginaires. L'invasion des Taugs était imminente, d'une nuit à l'autre, parce que Nizam l'affirmait. Sans doute une défense héroïque et victorieuse protégeait Nerbudda contre l'assaut des étrangleurs. Douglas, avait appelé, au premier avis de Nizam, son bataillon d'élite. Moss et ses braves cipayes se mettraient en marche après le coucher du soleil ; ils arriveraient à la faveur des ténèbres et des arbres, pour s'embusquer dans les bambous de l'étang voisin, et tomber comme un faisceau de tonnerres sur l'ennemi. Mais, en admettant le succès, il fallait prévoir aussi qu'une bataille formidable s'engagerait entre les spectres chauves et les soldats anglo-indiens : et qu'il ne fallait donc pas troubler, sous un toit hospitalier, le repos et le sommeil d'une femme, par ce spectacle de désolation et de mort. Si la lettre d'Edward manquait son effet, le devoir du moins avait été rempli. La comtesse Octavie, rebelle à une invitation pressante quoique mystérieusement motivée, ne pouvait adresser aucun reproche aux maîtres de Nerbudda ; elle se destinait à subir sans murmure les conséquences de sa fatale obstination.

L'évènement devait se trouver d'accord avec le caractère d'Octavie. La lettre, attentivement lue, Octavie mit un soupçon sur chaque phrase, et elle recommença ses conjectures en dépit des observations qu'Edward avait faites sur ce chapitre, et qu'elle regardait comme autant de pièges. Ne pouvant rien voir de clair au fond de ces mystères, hormis la pensée bien évidente de l'exiler de Nerbubda, elle prit la détermination de rester et d'observer.

Elle envoya sur-le-champ une de ses femmes à sir Edward, avec cette phrase : la comtesse Octavie est enchantée de l'accueil hospitalier qu'elle a reçu à Nerbubda et elle n'est pas disposée à changer d'habitation.

A cette réponse, Edward fit le signe qui veut dire : j'ai fait mon devoir, advienne que pourra ! Dès ce moment, il oublia tout pour s'occuper sérieusement des moyens de défense. Prenant l'allure nonchalante et insouciante du colon indien, il visita les quatre murailles extérieures de la maison, pour s'assurer que partout la terre était intacte. Il fit émonder par des jardiniers les branches inclinées sur la façade, en accusant de négligence les travailleurs, qui oubliaient toujours, disait-il, de soigner la taille des arbres avant la saison des pluies. Il examina en détail les fenêtres basses, toutes bardées de fer comme celles des marchands d'or, à la Cité de Londres. Il ne laissa aucune chance de succès au hasard, à l'impétuosité, à la ruse, à l'intelligence de l'attaque ; et le soleil tombé, il ferma lui-même la porte de l'habitation, et plaça au vestibule deux serviteurs reconnus intrépides, avec défense, à qui que ce fût, d'entrer ou de sortir. Cet ordre n'est pas nouveau, ajouta-t-il, mais il est utile de le renouveler souvent.

Octavie congédia ses femmes après le coucher du soleil, et se glissa comme un fantôme dans la galerie, éclairée par deux ouvertures, à ses extrémités. Pendant le jour, elle avait découvert ce poste d'observation, qui permettait à l'œil de plonger sur les deux façades. Un instinct étrange pousse toujours les femmes à découvrir ce qui les irrite, et ce que les hommes veulent souvent leur cacher, dans de louables intentions. La nuit n'était pas très avancée, lorsqu'un frôlement léger raya la façade opposée de la terrasse. Octavie se pencha sous une persienne, avec une précaution féline, et laissa plonger un regard perpendiculaire le long du mur. Elle vit distinctement, aux lueurs des grandes constellations, un corps humain tomber sur les hauts gazons de la lisière des bois, et elle reconnut sans peine sir Edward, à sa taille svelte et superbe et à cette allure audacieuse, à cette fierté de mouvement qui n'appartenaient qu'à lui.

Elle se releva, le visage couvert d'une sueur froide, et croisant les bras sur sa poitrine, elle murmura comme un souffle ces deux mots : c'est lui !

Le silence de ce désert permit d'entendre quelques instants un léger bruit de pas sur les feuilles sèches ; puis on n'entendit plus que les harmonies naturelles de la nuit.

C'est lui ! répéta-t-elle plusieurs fois en élevant sa voix du ton le plus bas à l'expression de la colère sourde et stridente.

Elle se tut et se promena dans la galerie avec une agitation convulsive, comme une femme aliénée dans le corridor de l'hospice sur le seuil duquel les malheureux ont laissé leur raison.

Octavie éprouvait un besoin infernal de faire retentir ses plaintes à quelque oreille humaine; autour d'elle il n'y avait que solitude et repos. Une aigrette de feuilles jouait avec les persiennes des deux balcons aux extrémités de la galerie, et les deux murs qui se prolongeaient, avec l'uniformité d'un défilé de marbre, répétaient, dans un écho perpétuel, l'aspiration d'une poitrine ardente, et le bruit de deux pieds vigoureusement appuyés sur les dalles à chaque élan.

Elle se retournait parfois avec vivacité, trompée par elle-même, et ne se croyant plus seule, elle s'attendait à rencontrer face à face quelque lugubre apparition.

La galerie était toujours déserte. Entre les éclaircies des balcons luisait une étoile qui ressemblait à l'œil d'un démon regardant à travers les persiennes une jeune femme au désespoir.

Enfin, la colère s'élança de la poitrine aux lèvres comme un torrent qui a brisé l'écluse, et Octavie, à défaut d'interlocuteur, s'adressa un monologue pour se donner quelque adoucissement.

« C'est bien lui !... Je pouvais me dispenser de le voir, je l'aurais deviné !... Les hommes veulent être rusés !... rusés avec nous !... Pauvres gens !... Celui-là passe pour habile... Fiez-vous aux renommées !... Habile !... Combien faut-il de degrés de stupidité à un homme pour obtenir cette réputation ?... Il m'écrit une lettre... un tissu de gaucheries !... C'est comme s'il m'avait dit à chaque phrase : Madame, partez ce soir ; partez vite, ne regardez pas derrière vous ; j'ai un mauvais coup à faire cette nuit.

« Oh ! il est habile, sir Edward !

« Que je suis heureuse ! j'aurais pu l'aimer !.. Et si je l'avais aimé !... Mon Dieu ! vous m'auriez peut-être sauvée du désespoir !...

« A quel infâme rendez-vous de bohémiennes cuivrées s'élance-t-il ainsi, à cette heure, joyeux comme un époux de la veille, bravant les bêtes fauves, pour quelque femme indigne, quelque courtisane des carrefours du bois ?

« Tout mon sang brûle et se glace à l'idée que je pouvais l'aimer !

« Oui, je pouvais l'aimer ! il a été mon ange gardien dans une nuit, une nuit monstrueuse, comme les étoiles n'en éclaireront plus ! Il avait mis dans sa voix ce charme qui divinise la parole humaine ; il s'était élevé à cette majesté d'héroïsme qui commande l'admiration ! Quand le jour vint, quand la lumière éclaira son noble visage, je ne donnai au soleil que le second de mes regards.... Eh bien ! il n'y avait là qu'une mystérieuse idée de trahison !

« Il m'aimait, lui, disait-il; du moins il me l'a déclaré une fois, une seule, et du même ton qui peut servir à une déclaration de haine... Dans ce long et dernier entretien, il s'est bien gardé de me parler encore de son amour... il m'a joué une comédie amusante... amusante comme tout ce qui ne vient pas du cœur... et moi, trop simple ! je louais aujourd'hui sa réserve, sa discrétion, sa modestie, sa retenue ! Que de vertus absentes ma généreuse ignorance lui prêtait !...

Oh! la femme sera l'éternelle dupe de l'homme, notre éternel ennemi.

« C'est maintenant qu'il faut partir! il n'aura pas besoin de m'écrire une seconde lettre pour me décider! S'il le faut, je partirai seule, seule! dussé-je passer devant des repaires de tigres et de lions... Au Bengale, comme partout, le plus fauve de tous, c'est l'homme. Les cavernes sont plus habitables que les maisons!

« Au reste, c'est ma faute! Une femme s'expose à tout, et n'a pas le droit de se plaindre, lorsqu'elle abdique, lorsqu'elle croit s'élever au-dessus de son sexe, en s'abaissant à des rôles d'aventurier; en courant le monde à la suite du premier tuteur imbécile, tombé du ciel comme un fléau de l'enfer!... L'univers d'une femme est la maison de sa famille, ou le couvent.

« C'est ma faute, je dois l'expier!

« Aussi, mon Dieu! on est bien embarrassé pour vivre en ce monde!... La vie est une chose que personne ne sait faire!... Il faudrait avoir deux existences; la première serait un essai... lorsque l'expérience vient, il faut mourir : c'est la vertu des vieillards : à quoi leur sert-elle ?... A donner des conseils... on ne les écoute pas.

« Folle ! si quelque ami m'avait dit hier : voilà un vieillard, adressez-vous à lui, il éclairera votre jeunesse... dans quel océan d'ironie amère j'aurais noyé ce malheureux ami !

« L'expérience ne sert qu'après la faute... On prend des armes et une bonne escorte au lever du soleil, lorsqu'on a été volé, la nuit, dans un bois.

« A mon secours, mon Dieu ! Ma tête est trop faible pour garder sa raison. »

Octavie serra son front avec ses mains, comme pour y retenir son intelligence prête à s'échapper, et resta quelques instants sous l'oppression d'un abattement muet. Puis elle déroula une natte dans un angle de la galerie et s'étendit lourdement sur ce lit de repos.

Dans ces crises, la bienfaisante nature donne aux êtres souffrants une léthargie plombée qui ressemble au sommeil comme la mort. On a le sentiment confus des choses extérieures; il semble qu'on est scellé dans une tombe avec le suaire, et que l'on entend glisser sur le marbre le bruit du vent et des herbes. La jeune femme dormait ainsi.

LE LENDEMAIN.

Noctem minacem et in scelus erupturam fors lenivii.

(Tacite.)

IV

Cette circonstance inconnue fit avorter l'explosion de crimes préparés pour cette nuit, car il n'était pas permis de suspecter la sagacité de Nizam. Les soldats embusqués dans les bambous de l'étang voisin, n'entendirent pas le signal de leur colonel. Sir Edward veilla jusqu'à l'aube, couché dans les herbes, sous les fenêtres d'Octavie, avec Nizam, et douze Cipayes, braves, robustes et adroits comme eux.

Les Taugs ne se montrèrent pas.

Avant le coucher des dernières étoiles, le colonel Douglas ordonna que tous les soldats, au lieu de rentrer dans leur cantonnement, se cacheraient dans les massifs les plus ténébreux et les moins fréquentés des deux forêts de Nerbudda, et qu'ils y séjourneraient jusqu'à nouvel ordre. Nizam approuva ce plan, et dit à Douglas :

— Fiez-vous à moi, mon colonel, je vous livre ma tête comme garantie. Les Taugs n'ont pas renoncé à leur projet ; je connais mes bandits. Ne nous endormons pas, veillons toujours.

Au lever du soleil, l'habitation reprit sa physionomie ordinaire. Personne, parmi les serviteurs, n'aurait deviné au dehors qu'une attaque et une défense terribles étaient dans les éventualités probables de la dernière nuit.

Le colonel Douglas entra dans les bois à la tête de sa troupe, pour désigner lui-même les postes, et donner ses dernières instructions au capitaine Moss. Edward n'avait pas quitté la terrasse de Nerbudda. Les premiers rayons coloraient les cimes des arbres en réveillant les oiseaux. Nizam était parti, emportant toujours avec lui ses secrets d'exploration.

« Elle dort, — disait Edward dans un monologue mental, — elle dort avec cette bienheureuse tranquillité d'esprit qui accompagne toujours le sommeil des femmes... A nous la veille laborieuse ou le rêve étouffant ! Oh ! les femmes !!!... celle-là... ce savoureux démon de satin, a reçu de moi une lettre hier ; elle a lu cette lettre fiévreuse, comme on lit un journal anglais, du bout des prunelles... puis, la belle dame a fait sa toilette de nuit : elle a roulé nonchalamment ses beaux cheveux avec une coquetterie égoïste, pour se plaire à elle-même, pour se réjouir de sa grâce dans son sommeil. Elle s'est endormie le sourire aux lèvres, et jusqu'à son réveil, elle gardera sur ses joues charmantes la sérénité rose du chérubin !... Oui, voilà bien les femmes !... Et moi, si je lui disais aujourd'hui : Madame, j'ai veillé pour vous du soir à l'aurore, j'ai veillé comme le chien fidèle à la porte de son maître ; j'ai veillé mes armes à la main, parce que vous vous êtes obstinée à rester dans une maison bouillonnante de périls, et nous avions tous juré de mourir sur le seuil de cette maison, qui est le temple auguste de votre beauté... Si je lui disais cela, elle me récompenserait avec un sourire incrédule et un équivoque remercîment, à la française : parole de lèvres, silence du cœur !... Il y a des oiseaux qui passent dans son souffle, et s'envolent dans le ciel..... Qu'ils sont heureux ! »

Au milieu de cette extase de contemplation, Edward entendit un bruit de pas cadencés dans une allée routière de l'habitation, et il marcha de ce côté d'un pas très lent.

C'était l'heure où l'on arrivait de Roudjah ou des habitations *lointaines du voisinage*, les départs ayant toujours lieu un peu avant le lever du soleil.

Edward chercha Douglas aux environs, mais le colonel était encore occupé de ses devoirs militaires.

— Il est impossible, — se dit Edward, — que ce soit le nabab : nous les avons exilés à notre insu, lui et sa fille pour trois jours. Trois jours sont trois siècles, quand une heure est devenue précieuse comme une mine d'or.

La conjecture était fausse : le nabab et miss Arinda arrivaient en palanquins.

Edward courut au-devant de la jeune maîtresse de l'habitation, pour l'aider à descendre et lui offrir son bras.

— Ceci va terriblement compliquer la situation, — se dit-il, — mais faisons toujours ce qu'il faut faire en attendant l'inconnu.

Miss Arinda, suspendue au bras d'Edward, avec une nonchalance créole, parlait déjà, comme l'oiseau à l'aube, fatigué du long silence de la nuit.

— Oui, sir Edward, disait-elle, ces visites sont très ennuyeuses. Les voisins ne sont pas amusants, ils racontent tous la même chose. Nous avons passé la nuit chez M. Barlow, c'est un ministre, il nous a lu la bible jusqu'à une heure du soir; je dors encore, voyez. J'ai dit à mon père qu'il fallait retourner à Nerbudda. Nous avons visité quatre familles, M. Barlow s'est chargé de voir les autres. Tout ce monde vient ici, à mes noces, dimanche prochain. Mon père a fixé le jour. Nous danserons, c'est ce qu'il y aura de mieux. Vos demoiselles blanches sont bien laides ; vous n'êtes pas de cet avis, vous, sir Edward, parce que vous êtes blanc. Si j'étais homme, je ne pourrais pas aimer une femme blanche : c'est fade comme du lait. Les quakers ne viendront pas à notre bal. Tant mieux! Quelle drôle de famille! les demoiselles parlent en fermant les yeux, et les hommes ne parlent pas. Pourquoi sont-ils quakers, ces gens-là? Ils ont commis quelque crime dans leur pays, et on les a condamnés à être quakers. Dites-moi, sir Edward, notre ami le colonel est-il levé?

— Je crois qu'il est en chasse dans le bois, miss Arinda; on l'a vu sortir au lever du soleil.

— Seul ?

— Oh ! miss Arinda, jamais seul ; il s'est fait accompagner de quelques-uns de vos meilleurs chasseurs.

— Il est si imprudent, le colonel !

— Ne croyez pas cela, miss Arinda. Au reste, quel danger peut-il courir à cette heure?

— Eh ! mon Dieu ! il peut y avoir quelque bête féroce en retard.

— Celle-là, miss Arinda, serait punie de sa paresse par une balle du colonel.

— Sir Edward : vous direz au colonel Douglas qu'il ne pourra me voir qu'à midi. Les porteurs m'ont réveillée au soleil, et M. Barlow m'a donné du sommeil pour deux nuits. Je vais appeler mes femmes et me reposer. A bientôt, sir Edward, je vous quitte. Vous verrez le colonel avant moi, dites-lui que je lui défendrai la chasse quand il sera mon mari.

Arinda tendit amicalement la main à sir Edward, et franchit l'escalier avec une agilité de gazelle.

Edward resta seul sur la terrasse, car le nabab s'était arrêté dans une ferme voisine du *chattiram*, pour donner quelques ordres et visiter de jeunes plantations.

Un œil scrutateur, collé sur la lame d'une persienne, avait suivi Edward, du pied de l'arbre où le palanquin d'Arinda s'était ouvert jusque sur le seuil de l'habitation.

C'est toujours ce même génie infernal qui prend un rôle au milieu des existences passionnées, et conduit les pas et les regards dans la direction fatale. Ceux qui ont vécu savent cela ; ceux qui ont fait le semblant de vivre, l'ignorent, et accusent d'invraisemblance le philosophe historien. La vie des êtres privilégiés est un duel sans fin contre la maligne intelligence du hasard.

Octavie avait tout vu. On aurait dit qu'une invisible main l'avait secouée dans son sommeil au moment inopportun, et qu'une voix lui avait dit : regarde !

Quel étrange sourire assombrit son front, et vint expirer sur ses lèvres pâles et convulsives ! A ce sourire succéda une expression plus étrange. Octavie éprouvait cette lamentable joie de l'amour-propre qui voit une prédiction s'accomplir. L'évènement attendu brise l'âme, mais on triomphe toujours d'avoir eu fatalement raison.

— Oui, c'est bien ainsi ! c'est bien ! dit-elle avec la tranquillité menaçante du nuage qui garde le trésor de l'ouragan. On ne pouvait pas mieux deviner une infâme intrigue dans toutes ses honteuses circonstances ! Que je m'applaudis maintenant de n'avoir point stupidement obéi à cette lettre de mensonge ! J'ai vu... Le voilà radieux avec sa bohémienne du Malabar ! Comme il est fier de sa conquête ! comme son bras tressaille de bonheur enlacé au bras de cette bayadère de cuivre rouillé !... Vraiment, il faut vivre, il faut voyager, il faut courir le monde pour connaître les hommes ! Quelle race !... c'est une femme, cela leur suffit à eux !... Elle danse pour amuser les soldats et les fakirs ; qu'importe, c'est une femme ! Elle se charge de bijoux faux comme une déesse de pagode, c'est une femme ! Elle est vieille à seize ans, c'est une femme ! Elle a une chair de démon vautré au feu, c'est une femme !... Il y a des hommes qui se paient de cette fausse monnaie de notre sexe, dans leurs inconcevablas passions.

Octavie fit un geste énergique et porta la main à son front, comme pour se recueillir et arranger une idée.

Elle s'assit, se leva, s'assit encore, et écrivit ce billet :

« Sir Edward,

« Vous êtes le plus dévoué de mes serviteurs, n'est-ce pas ? Je compte donc sur vous en toute occasion.

« Faites seller deux chevaux et préparer

deux palanquins. Je veux visiter les environs avec mes femmes, vous m'escorterez.

« J'exige la plus grande célérité. Le soleil est déjà fort incommode, ne perdez point de temps.

« Votre bien dévouée,

Comtesse OCTAVIE. »

Elle fit remettre le billet à son adresse, s'habilla précipitamment, appela ses femmes de service, leur donna ses ordres de départ et descendit.

— Cette maison est souillée, — se dit-elle en effleurant les marches de l'escalier, — l'air que j'y respire me souille moi-même. Gardons-nous bien cependant de laisser percer sur mon visage et dans ma parole une ombre de jalousie. Comme il en triompherait, lui! Soyons femme jusqu'à la fin... Car, Dieu le sait! je ne suis pas jalouse, je suis indignée; j'abhorre les lâchetés et les trahisons.

Sir Edward attendait la comtesse Octavie aux premiers arbres de l'allée de Roudjah.

Il y eut quelques embarras des deux côtés dans cette première entrevue; mais tout fut dissimulé avec adresse pourtant.

— C'est bien ! dit Octavie, vous êtes exact, sir Edward.

— Vous avez ordonné, Madame, j'ai obéi, dit Edward avec un geste respectueux et un sourire charmant.

— A cheval, sir Edward, et faites avancer les palanquins pour mes femmes.

— Les porteurs sont à leur poste, Madame; tous les ordres sont donnés.

— C'est bien, partons.

— Où allons-nous, Madame ?

— Mais il me semble, sir Edward, que vous avez deviné le but de ma promenade puisque vous m'attendiez sur la route de Roudjah.

— J'ai pensé, Madame, qu'après le conseil de la nuit, vous aviez daigné suivre l'inspiration de la lettre que j'ai eu l'honneur de vous écrire.

— Vous avez raisonné juste, sir Edward, dit la comtesse avec un ton d'ironie imperceptible; oui, la nuit porte conseil... Je vais à Roudjah... mais je ne vais pas plus loin.

— Vous ne suivez alors, madame, que la moitié de mon conseil...

— Ah! je sais ce que vous voulez dire... Oui, je renonce au domaine du colonel Douglas. On ne vient pas au Bengale pour chercher les côteaux de Meudon. Vous remercierez bien pour moi le colonel.

— Madame, dois-je vous conduire à *Seet-Hours-Inn*, à Roudjah?

— Mais j'aimerais aussi bien me loger ailleurs, dit Octavie après quelque hésitation; cette hôtellerie ne me convient pas.

— Il n'y en a pas d'autre, madame.

Octavie fit un mouvement qui arrêta son cheval.

— Comment, sir Edward, ce grand village anglais n'a qu'une auberge ?

— J'en fonderai une seconde pour vous, madame, s'il le faut.

La jeune femme lança un regard étrange à Edward.

— Oh ! je trouverai une maison convenable, j'en ferai une auberge pour moi. Avec de l'argent, on achète un palais à la minute.

— La maison du capitaine Moss est à votre disposition. Moss est absent.

— Oui, cela m'arrangera ; je descendrai chez le capitaine Moss provisoirement ; et, avant ce soir, j'aurai bien trouvé un chez moi... Mon Dieu ! ce n'est pas ce qui m'inquiète !

— Vous avez d'autres soucis, madame... Permettez....

Octavie excita son cheval qui prit les devants et laissa Edward à distance.

— Il y a quelque chose d'extraordinaire

là-dessous, pensa Edward ; et il tomba en rêverie.

On n'entendit plus que le pas cadencé des chevaux et le chant monotone des porteurs de palanquins.

En arrivant à Roudjah, Edward conduisit la jeune et belle voyageuse à la maison destinée, et lui offrit ses services... Octavie l'arrêta brusquement par cette interrogation ?.

— Avez-vous huit jours à me donner ici, à Roudjah, sir Edward ?

— Huit jours, madame, c'est impossible...

— Ah ! c'est impossible !... Ainsi, votre dévoûment est une formule épistolaire, sans conséquence. Eh bien ! je me contente de quatre jours... impossible aussi ! Et deux jours ?.,. Encore impossible... Quelles affaires vous devez avoir sur les bras !... Sir Edward, je vous soupçonne d'être gouverneur des Indes, incognito.

— C'est que... voyez-vous, madame, j'ai

promis au colonel de l'accompagner dans une petite chasse, et ce soir...

— Je conçois, n'en parlons plus. La chasse doit passer avant tout... Adieu, sir Edward. Je garderai bon souvenir de vous.

Edward s'inclina profondément pour saluer, et en se relevant il ne vit plus la comtesse. Elle était entrée dans un appartement avec sa suite, après avoir bien payé les porteurs.

— Quelle femme infernale ! dit-il à lui-même en s'éloignant à pas lents, et comme j'ai deviné sa pensée ! Elle a voulu me sonder ; elle a voulu savoir si je dois repartir sur-le-champ pour Nerbudda, ou si je dois séjourner à Roudjah ! L'intention de sa ruse est trop évidente... Malédiction !... être ainsi joué !... Elle vient ici pour voir son jeune comte Elona !... C'est moi qui l'ai conduite à ce rendez-vous !... Elle choisira quelque maison isolée, et là, libre de toute surveillance... Non, non ! ce bonheur ne leur arrivera pas ! je me le jure à moi-même... Oh ! je meurs vingt fois, dans un seul accès de désespoir, à l'idée que cette femme, qui vient de me refuser un regard d'amitié, va prodiguer les rayons de son sourire, et des mots de tendresse qui donnent le paradis à un homme et à l'autre l'enfer!... Nous verrons! l'amour est une passion abominable, parce qu'elle conseille des choses odieuses... Pourtant il ne faut pas se laisser étrangler par ce taug de feu qui se nomme la jalousie, je crois.

Sous l'impression de ces idées, Edward se composa pour ainsi dire une toilette morale qui devait dissimuler aux regards d'un autre son trouble intérieur. Il ramena des lignes calmes sur sa figure et la sérénité dans son regard; il essaya sa voix, comme on fait d'un instrument, afin de prendre le ton naturel des jours paisibles de la vie, et quand il se jugea prêt à entamer un entretien difficile avec chance de réussir, il se dirigea vers l'habitation du comte polonais, à l'autre extrémité du village.

Edward n'eut pas de peine à rencontrer le jeune Elona. Ils se serrèrent cordialement les mains, et sortirent du village dans la campagne pour parler avec plus de liberté.

— Vous voyez, dit Elona, que j'exécute aveuglément les ordres de l'amitié. Vous m'avez recommandé d'attendre; j'attends.

— Oui, dit Edward, votre dévoûment est beau, et j'espère que M. Tower et sa pupille recevront bientôt la visite du colonel Douglas.

— Ah! — dit Elona en affectant un grand calme — le mariage sera bientôt célébré... Tant mieux! il est temps que cela finisse...

— Je ne sais pas trop comment cela finira, mon cher comte, parce que nous n'avons guère le temps de songer à ces choses. L'heure se fait de plus en plus mauvaise... je vous parle sincèrement... il vaut encore mieux être ici, occupé à s'ennuyer avec M. Tower, que de passer des nuits infernales à Nerbudda.

— Que voulez-vous dire, sir Edward!

— Ce que je veux dire est assez clair ; nous vous avons donné le bon poste, nous avons pris le mauvais... Comment passez-vous le temps ici, comte Elona?

— J'attends.

— Voilà tout?

—C'est bien assez, sir Edward, il me semble, pour mourir d'ennui.

— Et la charmante Amalia? Voyons, personne n'est amoureux ici de la divine Grecque?

— Personne ne la voit ici, personne, sir Edward.

— Excepté pourtant M. Tower et...

Personne. Mademoiselle Amalia ne descend jamais.

— N'importe, comte Elona, je ferais bien volontiers un échange de situation avec vous... Nerbudda est inhabitable.

— Il me semble, sir Edward, que j'aperçois à travers vos réticences une arrière-pensée fort peu avantageuse pour moi.

—Mon cher comte, vous dites cela d'un air...

— C'est que je ne conçois pas le reproche indirect que vous m'adressez avec une obscurité transparente. Si je suis à Roudjad, c'est vous qui m'y avez envoyé. J'y reste pour vous rendre service...

— Et aussi un peu pour votre plaisir; allons, mon cher comte, vous êtes trop brave, trop amoureux du péril, trop jaloux de votre honneur, pour rester à Capoue quand on s'égorge à Zama. Il faut qu'un attrait immense...

— Parlez-vous sérieusement, sir Edward?

— Eh! mon Dieu! si je plaisantais, je ne rirais pas.

— Il y a donc des dangers terribles à l'habitation?

— Mais vous le savez bien, mon cher comte...

— Prenez garde, sir Edward, vous êtes sur le chemin de l'insulte...

— C'est le seul chemin de ce monde qui me soit inconnu, comte Elona.

— Vous doutez de mon courage! ce doute est un affront...

— J'en doute si peu, comte Elona, que je

vous invite à une fête superbe pour cette nuit.

— Quelle fête ?

— Parlons bas, et mettons-nous encore plus à l'écart. Les arbres même s'inclinent, écoutent et parlent. Gagnons le terrain nu, et écrasons l'insecte qui marche sous nos pieds. L'air est plein d'oreilles de Taugs... Comte Elona, l'habitation de Nerbudda est menacée d'un assaut nocturne. Les Taugs attendent les ténèbres pleines et l'heure du profond sommeil. Alors, ils sortiront des bois comme des tigres debout. Ils escaladeront nos murailles; ils tomberont au milieu de nos serviteurs glacés d'effroi. Pensez-vous que les jeunes gens de courage doivent faire défaut à cette scène d'épouvante, lorsque la jeune fille du Bengale se dressera échevelée sur son lit, en appelant à son secours tous ceux qu'elle honora de son hospitalité ?

— Edward ! Edvard ! vous me faites frémir !

— Tant mieux !... Oui, cher comte Elona, on peut douter de votre courage sans vous faire injure... Ecoutez ! écoutez ! voyons, que ferez-

vous pour me prouver que vous êtes brave?
vous me citerez vos glorieux états de service; ils
sont évidents, je le sais; mais ils sont vulgaires;
il y a tout une Pologne, il y a tout une France
brave comme vous!... Vous vous battrez en
duel avec moi; cela ne prouvera rien. Le plus
obscur bourgeois de France reçoit à quinze pas
une balle en riant. On s'aligne au soleil cent
mille contre cent mille, avec de la musique et
des tambours; on se tire douze heures de coups
de canon mal pointés. Personne ne tremble,
excepté la terre. Tout le monde meurt, s'il le
faut, sans une ride de peur au front... Autre
chose est la fête à laquelle je vous convie. Ici, la
force nerveuse manque souvent et trahit les
plus nobles courages. L'imagination est poltronne la nuit. Ajax, qui nous valait bien tous,
tremblait aux ténèbres. Nous devons nous battre avec l'enfer; nous devons nous enlacer avec
des reptiles gluants, à visage humain, front
contre front, dents contre dents, et entendre
rugir à nos oreilles des voix monstrueuses, et

voir luire sur nos joues des yeux de tigres noirs, et sentir sur nos lèvres des morsures fétides, pleines d'écume et de venin ! Viendrez-vous à cette fête, comte Elona ?

— Sir Edward, pourquoi me faites-vous une absurde question ?

— Pour avoir une réponse, et non pas une demande.

— C'est bien, je ne réponds pas.

— Alors, je ferai seller deux chevaux, comte Elona.

— A quelle heure partirons-nous, sir Edward ?

— Après le coucher du soleil. Douglas m'a ordonné d'amener avec moi douze sous-officiers anglais pour diriger autant de petits détachements d'éclaireurs cipayes. Nous ne pouvons donc sortir du village qu'à nuit close. Le moindre incident peut éveiller les soupçons. Le pays croit que la guerre des Taugs est terminée ; il faut, aussi longtemps que possible, laisser le pays dans cette erreur.

— Où nous retrouverons-nous ?

— A la porte du midi. Nos sous-officiers sortiront un à un, et ils nous attendront à un mille, sur la route, devant le puits d'Ananta.

— C'est entendu, sir Edward.

— Comte Elona, nous ne devons pas nous montrer dans le village. Je vais prendre mon gîte de quelques heures à votre auberge, et je me reposerai un peu.

Ils se serrèrent affectueusement les mains, et ne se séparèrent que dans le vestibule de l'hôtellerie.

Sir Edward montait seul l'escalier, avec une nonchalance somnolante bien jouée, lorsqu'il se trouva face à face avec M. Tower.

— Sir Edward Klerbbs ! s'écria M. Tower.

— Eh ! justement, dit Edward, c'est vous que je cherche; je viens vous faire une petite visite de voisin.

—Oh ! dit Tower, je sais que vous êtes à Nerbudda, sir Edward. Nous allons à Nerbudda: nous aussi, bientôt, je crois, à moins que...

— A moins que... monsieur Tower ?

— Je ne sais pas, sir Edward... Que voulez-vous?... cela s'embrouille fort... Entrons dans ma chambre, nous causerons plus à l'aise...

— Volontiers, monsieur Tower... La dernière fois que je vous ai vu à Londres, c'était dans le jardin de White-Hall, si je ne me trompe...

— Oh! c'est ma galerie habituelle, sir Edward : le ministre a souvent besoin de moi, et le *first clerk* est toujours sûr de me trouver dans Parliament-Street ou dans le parc Saint-James, toujours dans le voisinage de White-Hall. Je dîne habituellement chez Rupert, quand je ne dîne pas avec le ministre ou chez quelque dame du West-End.

— Monsieur Tower ! monsieur Tower ! toujours les dames ! toujours les dames !

— En tout bien et tout honneur, sir Edward, oh!...

— C'est bon ! nous vous croyons... petit hypocrite !

Tower poussa un éclat de rire écarlate, e frappa trois fois du plat de sa main le genou d sir Edward, qui venait de s'asseoir.

— Quel excellent ministre vous auriez p nous donner, monsieur Tower, en prenant seu lement la peine de vous porter aux dernière élections du Kent, à Greenwich, en concur rence avec M. Hodges.

— C'est ce que mes amis m'avaient conseillé dit Tower en passant du rire fou au sérieux d l'homme d'état. — Il y avait un obstacle : j'é tais lié avec Hodges. Hodges a déjà été nomm quatre fois dans l'West-Kent.

— Mais M. Tower, il vous restait le Middle sex. Là, Parker n'est pas dangereux ; et mêm à Westminster, vous pouviez lutter avantageu sement avec Leader et Evans.

— Peut-être... D'ailleurs, sir Edward, j'a peu de goût pour les affaires... Vous savez qu les affaires...

— Oui, monsieur Tower, je sais que les affai res gênent les plaisirs. Lorsque nous vivon pour les autres, nous mourons pour nous. L'égoïsme est la santé de l'âme. Je suis égoïste aussi, moi ; j'aime à écouter ma vie au moment où elle se fait; le bruit des autres me distrait.

— Comment passez-vous le temps à Nerbudda, sir Edward ?

— Assez agréablement, monsieur Tower. Nous avons de petites soirées intimes délicieuses.

— Avez-vous société? voyez-vous des dames?

— On ne nous laisse pas seuls, monsieur Tower. Nous aurons même beaucoup de monde, un de ces soirs... Souvent, des étrangers qui ne sont pas invités, et qui nous prennent à la gorge, et nous forcent à passer la nuit avec eux... Et vous, monsieur Tower, quels sont vos amusements, ici, à Roudjah ?

— Oh ! ne m'en parlez pas, sir Edward, nous n'avons pas l'ombre d'une société... Beaucoup de soldats, quelques familles anglaises, des dames d'un puritanisme effronté ; impossible de nouer un petit brin d'intrigue. On voit bien çà et là, dans les rues, à travers les persiennes, quelques paires de grands yeux bleus, sous des boucles de cheveux blonds ; mais tout cela est d'une pruderie révoltante. Au moindre propos galant, on vous jette un *shoking* à la face. Quant aux femmes cuivrées, elles sont moins sauvages; elles ont même un penchant pour les agaceries; on voit qu'elles ne détestent pas l'Européen blanc et beau, mais elles ont un teint qui nous fait mal aux yeux, surtout lorsqu'on a, comme moi, habité le Lancastre cinq ans, et, je puis dire, avec quelques agréments de salons.

— Vous avez d'ailleurs auprès de vous une jeune fille qui vous rend difficile à l'endroit de la comparaison, monsieur Tower.

— Vous voulez parler de ma pupille, mademoiselle Amalia, dit Tower en prenant un air singulièrement réservé. Oui, les brahmanesses ne brilleraient pas à côté d'elle. Sir Edward, cette jeune personne, je vous le dirai en confidence, me donne quelques inquiétudes. Je regrette maintenant d'avoir accepté mes fonctions de tuteur.

— Elles sont à la veille d'expirer, il me semble, monsieur.

— Je ne sais pas, dit Tower avec un accent timbré de mystère.

— Comment, vous ne savez pas ? s'écria Edward étonné.

— Parlons bas, sir Edward... Ecoutez, vous êtes un homme discret, un homme d'expérience, quoique jeune...

— Parbleu ! nous sommes du même âge, monsieur Tower.

— Croyez-vous ?... C'est possible !... Vos cheveux sont tout noirs ; il est vrai que les miens étaient gris à vingt-deux ans...

— Cela encadre bien un front politique, monsieur Tower.

— Très bien ! Deux dames m'ont dit la même chose aux bains de Brighton... Vous saurez donc, sir Edward, que ce matin, j'ai reçu une lettre de mademoiselle Amalia.

— Oh ! oh ! vous êtes en correspondance avec votre pupille, dans la maison, monsieur Tower !

— Parlons sérieusement, sir Edward : la chose en vaut la peine... Ma pupille n'a pas eu le courage de me parler, ce matin ; elle m'a écrit.

— Monsieur Tower, vous piquez ma curiosité d'une façon singulière.

— Si je vous fais cette confidence, sir Edward, c'est qu'en échange, j'exige un conseil. Le cas est scabreux.

— Je vous promets un conseil.

— Eh bien voici la lettre, lisez la. Vous allez être confondu de stupéfaction... Il est vrai qu'avec les femmes, il faut s'attendre à tout. Nous les connaissons.

— A qui le dites-vous, monsieur Tower. Voyons la lettre.

—Permettez que je vous la lise, sir Edward... parce que je crois qu'il y a cinq ou six lignes... un peu trop hasardées... *Monsieur et cher tuteur.*

— Cher tuteur ! eh !

— Une formule de politesse, sir Edward... *Cher tuteur, la solitude inspire la réflexion. J'ai donc beaucoup réflechi. Il m'a semblé que j'étais née libre, n'est-ce pas ? Mon père est mort en Grèce pour la liberté, mon protecteur lord Byron a eu la même gloire. On veut pourtant me traiter en esclave, moi ! Cela est absurde, injuste et cruel. On veut me marier malgré ma volonté; on veut empoisonner ma vie, on veut me tuer longtemps. Eh bien ! je me révolte, on ne me tuera pas !* Voyez ce petit démon? sir Edward.

— C'est une Grecque, pur sang Périclès.

— Poursuivons... *Mon cher tuteur, les femmes n'ont qu'une affaire importante dans leur vie, c'est le mariage, et lorsqu'elles veulent s'en mêler un peu, on leur dit que cela ne les regarde pas. Eh bien ! moi, je veux me mêler de mon mariage, et je ne me marierai pas. C'est irrévocablement décidé. Je sais bien que l'on peut me reprocher d'avoir donné mon consentement à cette affaire... Ecoutez ceci, sir Edward... et de m'être embarquée, à Smyrne, avec une certaine joie, pour la terminer aux Indes, il y a tout le globe, et on peut changer d'avis, en chemin J'ai changé d'avis. Si l'on fait violence à ma résolution, je vous promets un beau dénoûment. Pour tout héritage, mon père m'a légué son poignard; le pommeau scellera cette lettre et la pointe prendra un autre chemin.*

Votre bien dévouée, etc., etc., etc.

AMALIA.

Il y eut un moment de silence. M. Tower serra pompeusement la lettre dans son portefeuille ; en donnant à sa figure et à son torse quelque chose de triomphant et de modeste à la fois ; mais il fallait la fine perception de sir Edward pour saisir une idée extravagante dans le maintien et le regard de M. Tower.

— Voilà de l'inattendu ! dit sir Edward.

— De l'inattendu — répéta Tower avec la stupidité d'un écho.

— Conçoit-on une pareille folie ! monsieur Tower ?

Tower serra les lèvres, ferma les yeux, inclina la tête, arrondit ses bras comme deux anses et se tut.

— Elle part joyeuse de Smyrne — poursuivit Edward avec l'intention maligne d'exciter Tower à dire toute son incroyable pensée — elle accepte le mariage; elle arrive à ce que j'appellerai le port de l'hymen...

— Le port de l'hymen, c'est le mot, sir Edward.

— Et elle refuse en arrivant. Ceci m'absorbe, monsieur Tower.

— Ah !

— S'est-il passé quelque chose dans la traversée ? monsieur Tower, parlez-moi franchement.

— Mais, sir Edward, dans la traversée, il n'y a rien d'extraordinaire... absolument rien. Notre jeune et belle passagère m'a paru heureuse et satisfaite. Nous causions souvent ensemble sur le pont... des entretiens toujours gais... Je lui ai raconté une foule de petites historiettes assez divertissantes. Elle raffole de ces choses là...

— Aviez-vous à bord quelques jeunes officiers dangereux, monsieur Tower ?

— Tous vieux et stupides, ah ! stupides comme il n'est pas possible de croire ! des loups de mer.

— Et ici, à Roudjah, aurait-elle...

— Oh ! sir Edward, à Roudjah, elle n'a vu personne... Un instant, ce petit comte Elona... un loup-garou. Je connais les hommes ; celui-là n'est pas dangereux. Comme je me suis trompé sur son compte ! j'ai même écrit au colonel une lettre à ce sujet. En mieux observant le comte Elona, je l'ai mieux deviné. Au reste, Amalia et lui ne se sont rencontrés qu'une seule fois, et en ma présence.

— Alors, monsieur Tower, je n'y conçois rien, vraiment.

— L'avenir nous instruira, sir Edward.

Tower croisa les bras, baissa la tête comme pour dissimuler un sourire, et fredonna un air qui n'existe pas.

— Monsieur Tower — dit Edward, sortant d'une rêverie feinte — m'autorisez-vous à communiquer tout cela au colonel Douglas ?

— Mais — dit Tower, en allongeant ce *mais* en vingt syllabes — je n'y vois pas d'inconvénient.

— Ce pauvre colonel Douglas !

— Oh ! un militaire ! on se console... on a des distractions... vous concevez, sir Edward, qu'il serait imprudent de pousser à bout une jeune fille... Celle-là se tuerait, comme elle le dit ; je connais les femmes.

— Je préparerai le colonel Douglas, monsieur Tower, — dit Edward en se levant pour prendre congé.

— Oui, préparez-le, préparez-le, sir Edward, avec prudence, avec précaution ; il y a une manière délicate de ménager ces choses là. Que diable ! je suis tuteur, mais tuteur jusqu'à un certain point; je n'outrepasserai pas les limites de mon devoir. S'il fallait obliger ma pupille à se marier contre son goût, je donnerais ma démission; je la donnerais.

— Très bien! monsieur Tower. Vous parlez en honnête homme... D'ailleurs Amalia, votre pupille, a douze mille livres de dot ; au bout de cette somme, il y a toujours un époux.

— Et un époux de choix.

— Vous complétez ma pensée, monsieur Tower.

Après quelques paroles insignifiantes échangées entre eux, ils se séparèrent comme deux anciens amis.

Seul, sur l'escalier, Edward réfléchit un instant, et se dit : tout est clairement expliqué ; Elona et la pupille s'entendent à merveille. J'ai voulu, dans un accès de jalousie maladroite, enlever le comte Elona et l'éloigner de la comtesse Octavie. Mon action avait un côté déloyal qui me répugnait. Cette action est maintenant inutile. Me voilà soulagé. Elona restera ici. Je partirai seul, et j'aurai tant de plaisir à annoncer une bonne nouvelle au colonel Douglas que j'oublierai, un instant, mon propre malheur.

Edward se reposa quelques heures, et vers la fin du jour, il rejoignit le comte Elona, déjà prêt à monter à cheval.

— Cher comte — lui dit-il en serrant sa main — oubliez tout ce que je vous ai dit ; j'ai voulu essayer la portée de votre dévoûment, cela me suffit, Elona. Dieu me garde de faire violence à vos habitudes, restez à Roudjah. Restez. Nous sommes assez de monde à Nerbudda pour faire face à l'ennemi. Vous êtes prêt à partir, c'est bien. Vous ne ferez rien de plus, à mes yeux, en partant.

Edward accompagna ces paroles d'un geste et d'un accent pleins de vérité amicale.

— Oh! dit Elona, d'un ton résolu, si vous voulez rester, sir Edward, je partirai seul.

— Mais, c'est inutile, comte Elona, inutile...

— Il n'est jamais inutile de faire son devoir...

Sir Edward, pas un mot de plus, je vous prie, pas un seul mot ! je suis à vos ordres.

— Pour rester ?

— Pour partir.

Edward s'inclina de résignation et fit ses préparatifs.

A la nuit tombée, deux cavaliers, suivis de douze soldats anglais, marchaient silencieusement sur la route de l'habitation de Nerbudda.

V

Une bonne nouvelle n'arrive jamais trop tôt. Aussi Edward s'était-il fait devancer de plusieurs heures par un billet qui devait compléter le bonheur du colonel Douglas. En quittant M. Tower, et avant de se livrer à un repos bien mérité, Edward avait écrit ces lignes :

« Cher colonel Douglas,

« Le facteur indien agite ses plaques de lai-
« ton sous les fenêtres de l'hôtel. Il va partir à

« cheval et traverser Nerbudda ; je l'arrête au
« vol, et je lui donne un billet pour vous. Bon-
« dissez de joie. Amalia, la femme forte, a
« donné son *ultimatum* à Tower, l'homme fai-
« ble. Voici la copie, écrite de souvenir, de la
« lettre de notre Grecque spartiate. (Suit cette
« copie.) Ceci vous sauve. Nous enverrons l'*ul-*
« *timatum* au ministre qui veut obstinément
« vous croiser avec le sang de Périclès, malgré
« les destins. Nous ne craignons pas le suicide
« d'Amalia, en ce sens que le remède au coup
« de poignard est heureusement à notre dispo-
« sition. D'après ce que je vois, ce que j'entre-
« vois, et ce que je devine, à travers la stupi-
« dité colossale de M. Tower, type des tuteurs
« aveugles, le comte Elona n'attend qu'une
« occasion honnête pour épouser Amalia. Si le
« Vulcain magistrat de Grettna-Green avait son
« enclume d'état-civil dans le Bengale, ce ma-
« riage serait déjà forgé. Ainsi, mon cher Dou-
« glas, faites cesser toutes vos inquiétudes, tous
« vos scrupules, vous êtes sauvé, selon vos

« désirs. Cela me rend si heureux que j'ou-
« blie mes propres souffrances. Mon infortune
« s'efface devant votre bonheur.

« Adieu, ce soir, à la nuit close, je vous
« amènerai les douze sous-officiers. Nous ar-
« riverons toujours au moment du péril, s'il y
« en a. Comptez sur moi, cette nuit, comme
« toujours.   « EDWARD. »

Lorsque Edward et le comte Elona se mirent en route, cette lettre était depuis longtemps entre les mains du colonel Douglas.

Il faut suivre, maintenant, dans leur promenade aventureuse, nos deux jeunes cavaliers, qui se dirigent vers l'habitation de Nerbudda, et escortent douze soldats sur un terrain, où la sécurité peut, à chaque instant, se changer en péril.

L'heure est solennelle. Personne ne parle; on dirait que chacun veut sonder les dispositions amies ou ennemies de la campagne avant de hasarder quelque propos.

Rien ne peut donner une idée de ces étranges solitudes, lorsque la nuit tombe avec sa tristesse étoilée. Ce n'est ni le désert nu et sablonneux, ni la forêt massive. C'est une grande route, bien pavée, et sans ornières ; à droite et à gauche, des jardins cultivés, mêlés à des bouquets d'arbres sauvages, et coupés de ravins, où des torrents invisibles roulent et grondent. Des champs de riz, çà et là, jalonnés de groupes de palmiers, ressemblant à des géants qui conspirent dans les ténèbres. Des plateaux immenses, chargés, comme des corbeilles, de ces fleurs superbes qui se ferment aux étoiles pour dormir, et qui se rouvrent au soleil pour aimer et vivre. Et jamais un toit de ferme avec sa fumée domestique ; un éclair de lumière sur des vitres joyeuses ; un son de cloche, un parfum de village, un chant de laboureur, un bruit de roues, un hennissement sorti de l'étable ; jamais un seul de ces incidents qui, dans nos campagnes d'Europe, donnent tant de charme et de rêverie douce à la nuit.

La moitié du chemin était déjà parcourue, le comte Elona se rapprocha d'Edward, et lui dit à voix basse :

— J'ai un pressentiment, sir Edward, je crains d'arriver trop tard.

— N'ayez pas cette crainte, mon cher Elona —dit Edward avec un organe qu'il s'était composé pour ces situations nocturnes, et qui ne s'élevant pas plus haut que le souffle, arrivait distinctement à l'oreille d'un interlocuteur — n'ayez pas cette crainte. Les Taugs ont les mœurs des fantômes, ils attendent le coup de minuit.

— Sans forfanterie, sir Edward, je suis curieux de voir ces animaux indiens de près.

— Ah ! cela vaut la peine. Ils n'ont pas été classés par Saavers et M. de Buffon.

— Qui donc a engendré ces monstres-là, sir Edward ?

— Ils sont nés de trois mères, la politique, la religion et la stupidité. Les chefs savent ce qu'ils font et ce qu'ils veulent. La tourbe vile obéit aux chefs et à son hideux fanatisme. Elle tue tout ce qu'elle rencontre, Anglais ou Indien. Il y a des fakirs abominables qui croient gagner le paradis en étranglant un Européen sur l'autel de Deera ou de Dourga. Ainsi, malheur aux prisonniers, aux Anglais surtout.

— Sir Edward, cette histoire est bien sombre...

— A qui le dites-vous? Je regarde *Hamlet* et *Othello* comme des farces maintenant. J'éclaterais de rire au visage de lady Macbeth. Je souperais avec le spectre Banco. Je valserais avec toutes les sorcières de notre grand William. Aussi quand on a passé par les émotions des Taugs, on trouve la vie fade. Comte Elona, vous connaissez mon brave Nizam, puisque vous avez voyagé avec lui. Cet Indien a failli mourir du *spleen*, parce que les Taugs manquaient à son bonheur : depuis son arrivée à Hyderabad il court les bois, les vallons, les montagnes ; il s'est nommé inspecteur des Taugs. Nizam nous donne un avis, une instruction, un conseil, et il disparaît comme l'oiseau ; c'est sa vie. Quand nous aurons anéanti ces monstres, Nizam mourra d'ennui... Comte Elona, il me semble que votre cheval a de l'inquiétude...

— Oui... ses mouvements ne sont pas réguliers comme tout à l'heure... Il a été piqué au pied peut-être... Le serpent Cobra-Capell est engourdi à cette heure, n'est-ce pas, Edward ?

— Il y a contagion, Elona... Mon cheval a peur aussi... Cette touffe d'arbres de là-bas les a effrayés... Il y a une source et un petit bois charmant... au soleil... C'est là que Nizam a vu, l'autre jour, un fakir qui demandait l'aumône à un arbre.

— C'était un vœu qu'il avait fait ?

— C'était une ruse. Mais Nizam n'est pas dupe des ruses des Taugs... Mon cher comte, je vous annonce une bonne nouvelle. Nous ne sommes plus qu'à un mille de l'habitation de Nerbudda.

— Comment ! sir Edward, les Taugs ne craignent pas de se montrer ainsi pendant le jour, presque aux portes de Nerbudda?

— Pas en troupe, pas en corps. C'est un fakir, un laboureur, un jardinier; que voulez-vous que l'on dise à ces gens-là? On a l'air de les ignorer... Vous ne sauriez croire tous les ménagements que nous sommes obligés d'avoir envers les Taugs. Il y a, en Angleterre, un club philantropique qui nous observe avec un soin édifiant. Lorsque les nôtres sont égorgés, le club trouve cela fort naturel, et il ne dit rien; nous sommes ici pour être égorgés. Mais si nous pendons le moindre Taug, c'est autre chose : le club ramasse le Taug, imprime son oraison funèbre, et voue ses juges à l'exécration de la postérité indienne. Cela nous resserre dans une grande circonspection, comme vous pensez bien... Cependant, si ces espionnages isolés continuent du côté de cette source, nous saisirons les fakirs et les faux laboureurs.

A ce dernier mot, on vit se lever lentement,

sur le bord de la route, un corps humain grêle et difforme, qui agitait des bras démesurés, à quelques pas des chevaux.

Les soldats s'arrêtèrent en regardant sir Edward, comme pour attendre un ordre.

— C'est le fakir en question, — dit Edward avec le plus grand sang-froid, — celui qui demande l'aumône aux arbres ; — et il ajouta en indien : — *Sahib* * fakir, veux-tu nous faire place aux étoiles, ou je vais t'en donner une chez les esprits des mauvaises nuits ?

Le fakir agita sa tête, comme si elle eût tourné sur un pivot, et fit onduler ses bras longs et maigres comme des serpents.

— A la troisième sommation, je fais feu, dit Edward.

— Emparons-nous de lui, dit Elona.

— De lui ! au premier mouvement il disparaît comme un éclair ; il n'y a que les balles de plomb qui soient plus agiles que ces animaux.

* *Sahib* est en indien l'équivalent de *sir*.

— Mais que fait-il donc là ainsi posé sur notre passage, Edward?

— Il nous maudit; ce qui d'ailleurs nous est bien égal, n'est-ce pas? Mais cette malédiction est un peu longue... Sahib fakir, veux-tu donc aller nous maudire plus loin? — Non... — Tu veux nous étrangler? — Oui... — Il est de bonne foi, ce Taug.

Edward prit un pistolet et fit feu. Le fakir tomba. Au même instant, sur les deux bords du chemin, cent spectres noirs se levèrent, comme des vampires vomis par des tombeaux.

— Que chacun fasse son devoir! s'écria Edward.

C'est le cri suprême et national des grands dangers.

Le petit détachement fut enveloppé sans peine par la meute des bandits indiens. Les soldats, armés seulement de *dirks* et de pistolets, repoussèrent vaillamment le premier choc. Le comte Elona fit feu quatre fois, coup sur coup; à la quatrième, son bras, heurté violemment par un bras ennemi, égara la dernière balle dans la tête de son cheval. L'intrépide cavalier tenta des efforts surhumains pour soutenir, dans l'étau de ses genoux, l'animal blessé qui s'écroulait sous lui. Edward, après avoir épuisé son arsenal équestre, avait deux luttes à soutenir, celle des Taugs et celle de son cheval qui se révoltait de terreur contre l'éperon. Courbé sur la crinière, armé à chaque main d'un pistolet d'arçon, comme d'une massue de cuivre, il imprimait à ses bras robustes une furie de rotation si vive, qu'il s'était, pour ainsi dire, retranché dans le cercle inaccessible d'un donjon improvisé au désert. Un cri désolant traversa l'air : A moi, Edward!... Elona venait d'être saisi par les Taugs. Edward déchira les flancs de son cheval, mordit sa crinière, s'incarna comme un centaure dans le cou du quadrupède, afin de s'envoler avec lui au secours d'Elona ; mais le rebelle animal ayant fait quelques bonds en se cabrant, recula tout frissonnant devant le cadavre de son frère, et se donnant les ailes de la terreur folle, il franchit les ravins, les haies vives, les arbustes, les ruisseaux, et emporta son cavalier dans le domaine de l'inconnu.

Trois sous-officiers anglais avaient été étouffés sur place ; les autres furent garottés, comme des victimes de sacrifice, et emportés sur les épaules de leurs bourreaux avec une agilité merveilleuse. A la tête de ce convoi funèbre, quatre bandits chauves traînaient le comte Elona.

Tout cela fut accompli en quelques instants.

La rapidité de cette course, qui était un vol d'hippogriffe, ne permit pas à Edward d'estimer l'espace dévoré. Quand le cheval, épuisé par son accès de folie, tomba comme anéanti, les narines contre terre, le cavalier se trouva aux prises avec un nouveau danger. Toute trace de sentier humain ou sauvage avait disparu. Le désert écartelé de verdure et d'aridité, laissait voir, à ses horizons étroits, des rochers ou des arbres sombres, qui ressemblaient aux murailles d'un cirque en ruines. Edward s'orienta aisément avec la boussole des étoiles; mais en lui indiquant la direction demandée, les étoiles se taisaient sur la distance, Lahore et Ceylan ont à leur zénith, à la même heure, les mêmes constellations. Chaque hémisphère de notre planète est couvert par un seul point lumineux de son firmament.

Edward abandonna le cheval aux bêtes fauves, bien sûr que ce large festin, généreusement servi au désert, devait attirer de sanguinaires convives, qui, du moins, à cause de cette heureuse diversion, ne le gêneraient pas dans sa marche; et après avoir lancé au ciel un dernier regard d'astronome et de chrétien, il se précipita au pas de course sur la route du nord.

On saura bientôt quelle idée le poussait de ce côté.

Les hommes qui ont l'habitude de l'observation, et qui ont étudié les secrets, les bizarreries et les caprices de la nature, ont remarqué partout que la campagne, en se déroulant à l'infini, d'horizon en horizon, se revêt, à longs intervalles, d'une couche uniforme de terrains et d'arbres, et que chaque couche, en s'approchant de sa limite, commence à perdre sa physionomie pour se fondre avec l'autre qui lui succède. Ce travail d'imitation graduée se révèle surtout au centre des grands continents vierges, où la nature n'a pas encore cédé à l'homme ses antiques droits, où la dévastation n'a pas encore pris le nom d'embellissement.

Edward observa que les accidents de terrain, subitement découverts, à l'issue d'un vallon, avaient quelques lignes de ressemblance avec la campagne de Roudjah, de même qu'on remarque des lignes de filiation sur la figure des descendants d'une famille patriarcale. Les hommes puissamment organisés savent conserver, même dans les circonstances extrêmes, une grande logique de conduite et de réflexion. Edward oublia tout, même le sort terrible du comte Elona, il oublia ses amis, son amour, il s'oublia lui-même, pour concentrer exclusivement sa pensée sur la découverte du village de Roudjah. C'était l'unique et impérieuse exigence du moment. Roudjah trouvé, les autres soucis seraient soumis, à leur tour, à de nouvelles combinaisons de salut. On ne sera donc pas étonné qu'Edward éprouvât une certaine joie relative, en apercevant des traces de la filiation lointaine des campagnes de Roudjah.

Cette idée attacha des ailes à ses pieds et à ses bras ; il ressemblait plutôt à un homme qui fuit devant un péril de mort qu'à celui qui cherche un village.

Une petite rivière, profondément encaissée et fort rapide, arrêta son vol. La franchir en dix élans était chose facile, mais Edward, en considérant la ligne de collines qui bordait l'autre côté de l'eau, en reconnaissant les familles d'arbres et la nuance des berges, admit tout de suite que cette rivière, à la fin de son cours, côtoyait d'assez près le village de Roudjah. Il se souvint alors de ces *swimming-couriers* qui descendent si lestement les rivières de l'Inde en portant des lettres, et son parti fut bientôt pris*.

Il s'élança dans la rivière, prit le courant du milieu et s'abandonna au fil de l'eau, se dirigeant avec un imperceptible mouvement des mains. Les courriers-nageurs de l'Inde, avec des rivières, se sont faits des chemins de fer pour leur usage. La rapidité de ces voyages tient du merveilleux.

Insensiblement, les deux rives perdaient leur caractère sauvage, et elles permirent enfin de voir, à travers les haies d'arbres, une terre cultivée par la main de l'homme. Lorsque, dans un désert, on découvre ces premiers vestiges de la charrue, on peut se dire que le village n'est pas éloigné.

Edward gagna la rive droite, et il se trouva bientôt en pays de connaissance. La campagne

* James Atkinson, dans son ouvrage intitulé : *The expedition into Affghanistan*, parle avec détails de ces *courriers-nageurs*. Humboldt dit que ces courriers sont aussi connus dans les anciennes possessions portugaises de l'Océanie, sous le nom de *Coreo que nadà*.

était devenue un jardin, les haies vives, les vergers, les petits parcs capricieux, les cottages, les chemins bordés de gazon et de fleurs, tout ce luxe de la fantaisie rurale pouvait laisser croire que l'on voyageait de Londres à Oxford, et que, chemin faisant, on rencontrait les jardins des villages de Wycombe ou de Wostook, avec cette différence toutefois qu'un silence morne régnait autour de Roudjah, et que le conquérant, malgré sa puissance, n'avait pas encore donné à ces charmantes imitations la sécurité des nuits.

Trois heures seulement s'étaient écoulées depuis le malheureux départ de Roudjah; le comte Elona et Edward ayant quitté ce village au coucher du soleil, c'est-à-dire à l'approche des ténèbres. Dans ces contrées privées de la transition du crépuscule, le jour s'éteint à six heures, et laisse encore à la veillée un espace de temps fort long.

Edward se fit reconnaître par les soldats qui gardaient la porte du Midi, il entra dans Roudjah. Il ressemblait à un marin échappé d'une bataille et d'un naufrage.

En l'absence du capitaine Moss, la place était commandée par le lieutenant Stephenson. Voilà ce que les premiers renseignements apprirent à Edward.

Il courut à la maison du capitaine Moss, gardée par un poste nombreux, et, dans ses préoccupations mortelles, il ne donna pas même une pensée à la femme qui avait pris un asile dans cette même maison.

Edward, à force d'énergie morale, dissimulait encore assez bien, dans sa voix, ses gestes et son visage, l'horrible état de son esprit; mais l'étrangeté délatrice de son costume causa une grande rumeur parmi les soldats, et détruisit le bon effet produit par son calme et son assurance héroïques. On se livrait dans les groupes à de sinistres conjectures, et les propos ne s'éloignaient pas trop de la vérité.

On indiqua la maison du lieutenant Stephenson à Edward. Elle était en face de la terrasse du capitaine Moss. Là les choses suivantes furent dites :

— Lieutenant Stephenson, dit Edward, me reconnaissez-vous?

— Oui, sir Edward, vous étiez avec nous quand nous nous sommes battus contre les Taugs du fakir de Souniacy.

— Avez-vous deux cents hommes sous la main?

— Oui, sir Edward.

— Reste-t-il des hommes en assez grand nombre pour garder le village?

— Oh! le village ne craint rien.

Alors Edward raconta au lieutenant Stephenson la rencontre de la source du bois.

— Lieutenant Stephenson, ajouta-t-il, ce qui nous est arrivé sera révoqué en doute par le colonel Douglas : il ne pourra jamais croire qu'un peu après le coucher du soleil, nous avons été attaqués par une bande de Taugs, dans le voisinage de Nerbudda. C'est en dehors de toutes les habitudes de ces bandits. Au reste, il est inutile de chercher le mot de cette énigme. Parlons du point important. Le comte Elona et neuf soldats anglais sont prisonniers; du moins, notre devoir est de croire qu'ils ne sont que prisonniers, qu'ils vivent encore et qu'on les destine à un horrible sacrifice. Dans certains cas, connus d'eux seuls, les Taugs n'étranglent pas sur place ; ils ont des dettes de sang à payer à leurs divinités infâmes. Il faut donc partir et voler au secours de ces soldats et de notre ami : tout instant perdu est irréparable.

— Ce que vous demandez est juste, sir Edward ; si ces malheureux ont été tués, notre devoir nous ordonne d'aller à la conquête de leurs cadavres et de les inhumer glorieusement. Mais voici la difficulté : connaissez-vous le repaire de ces monstres ? Savez-vous quel chemin vous indiquerez à nos soldats ? Les Taugs ont des retraites...

— J'ai prévu l'objection, lieutenant Stephenson, et si je ne l'avais pas prévue, je ne serais pas ici. Dans notre lutte avec les Taugs, je puis vous affirmer que j'ai reconnu certaines figures. Ce sont les mêmes de l'autre nuit. Ce sont les séides du fakir Souniacy. Peut-être même rôdent-ils aux environs de Nerbudda dans l'espoir d'enlever leur fakir prisonnier... Où avez-vous relégué le Souniacy ?

— Dans la prison voisine, celle qui est contiguë à la maison du capitaine Moss.

— Vis-à-vis ?

— Oui, sir Edward.

— Voulez-vous me laisser diriger cette affaire, lieutenant Stephenson ? Je vous réponds sur ma tête et sur mon honneur que mon ami Douglas sanctionnera tout ce que nous aurons fait.

— Je le crois, et je vous obéirai, sir Edward, comme à un ordre de votre ami le colonel Douglas. Je connais toute la confiance qu'il a en vous.

— Allons voir le fakir dans sa prison.

— Allons, sir Edward.

— Lieutenant Stephenson, vous me permettrez ensuite de refaire ma toilette chez vous, avec vos bons offices. C'est que je dois encore être rendu à Nerbudda avant minuit. Moss est là avec ses hommes. Douglas m'y attend aussi ; chaque nuit, on redoute une attaque. Si je ne parais pas avant minuit, Douglas me croira mort ou déshonoré... aurez-vous un bon cheval ?

— Oui, sir Edward.

— Un cheval qui a vu les Taugs ?

— Qui les flaire et ne les craint pas.

— Bien !... allons voir notre fakir.

Ils sortirent, en disant ces mots.

Ce jour-là, aux mêmes heures, depuis le coucher du soleil, d'autres choses se passaient simultanément, et se liaient à notre histoire.

M. Tower, précédé d'un porte-flambeau, se rendait à la maison du capitaine Moss. Il se fit ouvrir la grille du jardin, et en mettant le pied dans le vestibule, il recula trois pas devant une robe blanche, fièrement portée, et qui, certainement, ne couvrait pas le squelette d'un fantôme ; aussi la frayeur de M. Tower était inexcusable.

Au grincement de la grille, cette gracieuse robe s'avança vers le seuil, et un visage divin fut éclairé dans tous ses contours par le flambeau de M. Tower.

— Eh ! c'est notre belle comtesse Octavie ! s'écria-t-il, en joignant ses mains. Voilà, certes, une surprise des mieux conditionnées !

— Vous ici, à cette heure, notre cher tuteur ! dit la comtesse en dissimulant son dépit, et que venez-vous chercher dans cette maison ?

— Vous ! — dit le tuteur avec un éclat de rire stupide. Ah ! cela vous étonne? eh !

— Ne plaisantons pas, Monsieur Tower ; je n'ai pas l'humeur au badinage, ce soir... vous me voyez en colère... je suis furieuse contre mes femmes de service ; je viens de les perdre, je les cherche : elles ont déjà trouvé des voisins pour faire des commérages, en pantomime, sans doute, car elles ne savent pas un mot des langues du pays... Vous demandez sans doute le capitaine Moss, Monsieur Tower?

— Oui, Madame, vous l'avez deviné du premier coup.

— M. Moss est absent. On m'a dit qu'il a été invité à un bal, chez des Hollandais dans le voisinage.

— C'est très juste ; quand les guerres sont finies, les jeunes officiers dansent pour se marier.

— Il faut bien repeupler le monde quand on l'a détruit.

— Ah ! voilà une belle réflexion, Madame ! Mais je suis désolé de ne pas rencontrer M. Moss.

— Voulez-vous vous reposer un instant chez moi, Monsieur Tower ?

— Un instant, car j'ai quitté mon hôtel en très grande hâte... Eh bien ! ma belle transfuge, — dit Tower, en s'asseyant avec une pesanteur mal dissimulée par la légèreté d'un embonpoint de soixante ans, — nous vous avons donc fait bien du mal à notre insu, puisque vous nous avez quittés si brusquement?

— Oh! ne parlons pas de cela aujourd'hui, Monsieur Tower...

M. Tower arrondit ses bras, ferma les yeux et s'inclina.

— Votre visite au capitaine Moss est un mystère, sans doute?— poursuivit Octavie sur un ton d'indifférence très marqué.

— Madame, je n'ai de mystères pour personne, à plus forte raison pour vous. Je voulais savoir si M. Moss pouvait me donner des nouvelles du comte Elona.

— Du comte Elona! — dit Octavie avec une émotion qu'elle n'eut pas le temps de dissimuler.

— Oui, Madame, ce jeune homme ne me donne que des inquiétudes... Je le surveille de près, parce que... voyez-vous... on ne sait ce qui peut arriver... C'est un Français de Varsovie, comme on a dit... Je crains un coup de tête... Au fond, je ne sais pas trop bien ce que je crains, mais mon devoir est de tout surveiller chez moi.

— Je vais vous donner de l'air, la chaleur est étouffante, n'est-ce pas, Monsieur Tower? — dit la comtesse en se levant pour ouvrir les persiennes. — Monsieur Tower veuillez bien continuer.

La jeune femme avait dans sa parole un trouble que M. Tower ne remarqua pas, selon son usage.

— Nous prenons ordinairement notre repas du soir ensemble, — dit Tower, — le comte Elona et moi, en tête-à-tête, comme deux amis. Nous causons. Il est triste; je l'égaie, je lui conte des historiettes, je lui donne des leçons de stratégie en amour. Enfin nous faisons notre veillée le plus plaisamment que nous pouvons, dans ce pays de loups. Ce soir, mon petit jeune homme n'a pas paru à l'heure ordinaire. Je l'ai cherché dans tout l'hôtel, dans la rue, au quinconce des mimosas, au parc des belles Indiennes : point de comte Elona ! Enfin, on vient de me dire qu'après le coucher du soleil on l'a vu sortir, plus triste que de coutume, avec sir Edward. Ils ont pris tous deux le chemin de la campagne, et ils ont disparu derrière les premiers arbres, sans se dire un seul mot...

— C'est un duel ! — s'écria la comtesse, les mains sur le front et la pâleur sur le visage.

— Nous avons eu la même idée, Madame, dit froidement Tower. C'est un duel, ai-je dit aussi, moi... puis, en réfléchissant, j'ai ajouté, mais pourquoi sir Edward se battrait-il avec Elona ? quelle raison...

— C'est un duel, vous dis-je ! répéta la comtesse Octavie, en se promenant à grands pas, les bras croisés sur sa poitrine. — Un duel ! un duel pour son compte ou pour le compte du colonel Douglas, ou pour les deux à la fois... Le colonel sait probablement tout : il ne se mariera pas tant que le jeune comte vivra... et puis... oui, c'est cela... sir Edward d'une balle fait deux coups.

Tower écoutait d'un air ébahi.

— Oh! vous ne comprenez rien à ces choses, vous, Monsieur Tower, poursuivit la comtesse. — Vous n'êtes pas tuteur pour comprendre. Mais je devine tout, moi!.. c'est infâme!.. Avec sa théorie des conjectures, il croit m'endormir!.. Quel homme épouvantable! il ment comme un bonze; il court les bois avec les bohémiennes du Malabar! il tue ses rivaux et les rivaux de ses amis!.. Exécrable sir Edward!.. Oh! à Smyrne, mon premier instinct ne m'avait pas trompée!.. Je voudrais avoir au cœur toute la provision de haine qui bout dans l'enfer contre Dieu, pour la donner à cet homme, en ce moment?..

— Moi qui le croyais si bon enfant, cet Edward — dit Tower au comble de la surprise.

— Taisez-vous, Monsieur Tower! vous êtes stupide comme deux tuteurs anglais!.. Mais vous ne m'avez pas dit ce que vous veniez faire chez le capitaine Moss?

— Madame — dit Tower avec ce ton de

dignité théâtrale, que prend un sot qui se croit blessé dans son importance — Madame, c'est bien simple, je venais raconter la chose à M. Moss, et lui demander des nouvelles ou de l'un ou de l'autre. Il m'est impossible de passer la nuit avec un souci comme celui-là.

— Oui... il est terrible son souci !.. Tous les hommes sont fous ou infâmes !.. Il me semble que la rue fait beaucoup de bruit, à cette heure — dit Octavie, en prêtant l'oreille, devant la fenêtre. — Oh ! c'est la catastrophe qui nous arrive !.. Quelque chose d'affreux qui circule, et cause déjà de la rumeur !..

Elle jeta un regard d'aplomb sur la rue, et recula d'épouvante ; elle avait distingué sir Edward, malgré l'horrible délabrement qui rendait notre héros méconnaissable. Les femmes reconnaîtraient entre mille, dans la plus noire des nuits, l'homme qu'elles aiment ou qu'elles abhorrent. Elles ont deux yeux de plus que nous.

FANTOMES DES NUITS.

Procul recedant
Noctium phantasmata !
(Hymne de vêpres.)

PRISONNIER D'UNE FEMME.

VI

La comtesse Octavie, voilée par une persienne, se pencha sur le balcon, pour suivre tous les mouvements d'Edward, avec une curiosité haletante.

Edward et le lieutenant Stephenson entrèrent dans la maison du capitaine Moss, et traversèrent le vestibule pour se rendre à la prison.

Dans un de ces moments de délire, où la circonspection est éteinte, Octavie se pencha sur la rampe de l'escalier intérieur, et elle appela sir Edward, avec une voix que l'intention voulait rendre impérieuse, et que le trouble voila subitement.

Edward tressaillit en reconnaissant cette voix, et il attendit un second appel pour obéir.

— Lieutenant Stephenson, dit-il, avec une tranquillité feinte, je vous prie de m'attendre un instant dans le jardin. J'ai une commission du capitaine Moss à remplir, là-haut.

— Hâtez-vous, au moins, sir Edward, dit Stephenson ; vous savez que le moment nous brûle.

— Je le sais.

Edward entra dans les appartements supérieurs, et ne fut pas peu surpris de voir M. Tower dans le salon d'Octavie. On se donna des saluts froids et réservés, puis la jeune femme ferma la porte à double tour, mit la clé entre deux étoffes inabordables, et raidissant son bras droit dans toute sa longueur, et posant la main sur la poitrine nue d'Edward : —

Vous ne sortirez d'ici, Monsieur — dit-elle d'une voix contenue, mais orageuse, — vous ne sortirez d'ici, Monsieur, qu'après satisfaisante et légitime satisfaction.

— Madame — dit Edward d'un ton calme, et qui paraissait bien naturel s'il était faux — Madame, avant tout, je vous prie de m'excuser si je me présente devant vous dans ce désordre de toilette...

— Je vous ai appelé, Monsieur — dit Octavie en coupant la phrase d'Edward — vous n'avez point d'excuses à m'offrir... du moins pour cela... sir Edward — ajouta-t-elle en lançant de ses yeux une fusée d'étincelles — je vous dirai ce qui a été dit à Caïn, qu'avez-vous fait de votre frère ? Où est le comte Elona ?

Cette demande avait en elle toutes les conditions requises pour écraser un homme dans la position d'Edward. Mais ce qu'elle portait de plus désespérant aux oreilles et à l'âme du malheureux interrogé, c'était l'accent non équivoque d'une femme furieuse, qui prononce le nom de l'homme aimé.

Edward fit un effort au-dessus de la puissance humaine pour s'élever à la hauteur de cette épouvantable situation, et se prouver à lui-même qu'il n'y a pas de grandes crises pour les grands cœurs.

— Madame, dit-il, je vous affirme sur l'honneur que j'ignore...

— N'achevez pas d'affirmer. Arrêtez-vous au milieu de votre parjure, Monsieur. Vous vous êtes battu avec le comte Elona; je le sais.

— Oh! Madame, quelle horrible idée!

— Vous ne vous êtes pas battu? Alors, Monsieur, vous avez fait moins que cela...

— Mon Dieu! qu'ai-je fait pour m'attirer cette horrible scène!

— Vous l'avez assassiné!... Voyez, voyez, son crime parle du haut de sa tête à ses talons! Quelle lutte formidable il a soutenue avec l'infortuné jeune homme! Ses cheveux et sa poitrine distillent et suent le sang! Son visage est dévasté par les ongles d'un désespoir à l'agonie! Jetez ainsi à cette heure, avec nos témoignages écrasants, un pareil homme à la barre du tribunal, et il montera sur l'échafaud demain.

— Cela est vrai, Madame — dit Edward avec un calme sublime.

— Il dit, cela est vrai!... Vous n'ajoutez rien de plus, Monsieur, pour votre justification.

— Rien de plus, Madame. La colère n'écoute pas. J'attends le calme pour parler.

— Monsieur Tower, dit la comtesse en se tournant vers le tuteur à demi-mort — Monsieur Tower, rendez-moi un service, laissez-nous seuls... entrez dans l'appartement voisin...

Tower n'attendait que cette invitation; il obéit sur-le-champ. Mais il obéit beaucoup plus que la comtesse ne l'avait supposé.

— Sir Edward, poursuivit la comtesse, vous pouvez parler en toute liberté; nous sommes seuls, et je suis calme; voyez, je suis calme.

— Au nom de Dieu, Madame, laissez-moi sortir — dit Edward avec un organe déchirant — laissez-moi sortir. Je suis attendu...

— Par le fossoyeur ; n'est-ce pas ?.. Il veut sortir !.. mais tout prisonnier retenu pour un crime de sang veut sortir aussi !..

— Madame — dit Edward, toujours avec ce respect et cette urbanité qu'aucune injustice, aucun outrage ne pouvaient affaiblir en présence d'une femme — Madame, si j'étais criminel, votre bras serait trop faible pour m'arrêter ici, et me retenir. Cette fenêtre ou cette porte seraient déjà franchies en moins de temps qu'il ne m'en faut pour prononcer votre nom.

— Eh ! bien ! essayez de sortir, Monsieur, essayez. Je vous promets un scandale digne de votre audace... Voyons, essayez de sortir.

— Ma position est horrible !.. Oh ! si vous saviez...

— Dites, Monsieur, et je saurai.

— Ah ! chaque minute perdue est un crime,

Madame... Je vous le répète, ma position est affreuse. Je ne puis ni rester, ni sortir, ni parler. Si je reste, je me déshonore devant un ami ; si je sors, sans m'expliquer, je me déshonore devant vous, Madame ; si je parle, je me déshonore devant tous. Comtesse Octavie, un homme fier est à vos genoux, ayez pitié de lui !

— Avez-vous eu pitié du comte Elona, vous? Dites ! mais répondez, répondez... de quelles veines est sorti le sang dont vous êtes couvert?.. Mais vous n'avez donc pas eu le temps de jeter un coup-d'œil sur vous-même !.. Regardez-vous un instant, là, devant ce miroir... vous n'osez pas !.. l'odeur et les traces du meurtre et de l'assassinat vous enveloppent comme un vêtement hideux !

A ces mots, Edward ne put retenir un cri sourd, mais déchirant.

— Oh ! je le reconnais ! poursuivit la jeune femme, voilà le cri du remords ! ce cri est comme un écho de l'enfer. Que Dieu vous pardonne ; moi, je ne vous pardonne pas!

— Madame, s'écria Edward, si vous saviez ce que vous faites en ce moment! si vous le saviez! — Et il frappa le sol avec son pied, et son front avec sa main.

Un coup violent ébranla la porte de la salle. Une voix du dehors criait : Ouvrez-moi! ouvrez-moi!

Cette voix était connue, mais presque oubliée ; elle retentit trois fois dans l'escalier, en élevant, à chaque reprise, son intonation.

Edward ne prit pas la peine de s'émouvoir d'un accident aussi vulgaire : s'il lui était interdit de sortir, peu lui importait que l'univers entrât.

Octavie, après quelque hésitation, marcha lentement vers le fond de la salle pour ouvrir. Edward la suivit avec un geste suppliant, vingt fois répété en vingt pas. Octavie répondit par un autre geste, un geste de reine à esclave, un mouvement superbe du bras et de la main, qui repoussait Edward et semblait l'exiler pour toujours à l'autre extrémité de la salle.

La porte s'ouvrit, et Amalia entra. L'amitié se réveilla subitement au cœur des deux jeunes femmes ; elles s'embrassèrent avec une vivacité touchante ; elles confondirent leurs caresses, leurs sanglots, leurs voix, leurs lèvres, leurs chevelures dans une longue étreinte, pure comme l'âme avant l'association du corps.

Amalia se dégagea de la première ; et croisant ses mains, les élevant au-dessus du front, les laissant retomber de toute la longueur des bras, elle dit d'une voix sourde : Il est mort ! il est mort !

— Oui, dit Octavie en essuyant ses larmes avec ses boucles de cheveux ; oui, Amalia, et voilà son assassin.

Un regard de pythonisse sur son trépied tomba du visage ardent de la jeune Grecque sur le front d'Edward.

— Oh ! dit-elle avec lenteur, comme il ressemble bien à un assassin ! comme le crime change un homme!... Je sais tout... Quelques lignes de M. Tower, glissées à présent sous ma porte, m'ont tout appris. M. Tower m'a accompagnée ici...

— Stupide Tower! dit Edward, comme s'il se fût parlé à lui-même.

— Quelle audace de damné! dit la comtesse; oui, le coupable, c'est M. Tower!

— Maintenant, au moins, je suis à mon aise, dit Amalia en sanglotant. Oui, pauvre orpheline! si mon père et ma mère... morts tous deux, m'avaient présenté un époux de leur choix, Dieu le sait, je me serais soumise sans murmure à leur volonté sainte... Mais après eux, personne n'a le droit de me faire violence... Cependant, je m'étais résignée à mon sort... j'avais accepté l'autre... l'Anglais... Maintenant, je dis à haute voix le secret de mon âme... j'aimais le comte Elona!...

Elle se laissa tomber sur une natte, les coudes sur ses genoux, le visage dans ses mains, et elle pleura.

— Je le savais, Amalia — dit la comtesse en se baissant pour l'embrasser. — Oui, je le savais... et moi, j'avais quitté Nerbudda hier ; j'étais venue ici pour y passer une nuit et partir demain avec le convoi, sans te dire adieu... Nous partirons ensemble, Amalia.

— Eh ! puis-je partir, moi ? — dit la jeune fille en relevant sa tête. — Ne dois-je pas remplir mon devoir jusqu'à la fin ?... Ce pauvre Elona ! il est mort, et jamais ma bouche trop réservée ne lui a dit une seule fois : Je vous aime ! Il est mort sans avoir eu cette consolation... Maintenant, si le colonel Douglas réclame encore sa victime, je suis prête..... Dressez l'autel. On peut me sacrifier... on épousera un cadavre couronné de fleurs.

En ce moment, la voix du lieutenant Stephenson se fit entendre dans le jardin.

Edward se réveilla comme en sursaut d'un sommeil de tombe. Une crise pareille brise l'âme la plus forte. On peut lutter en dépensant une grande provision d'énergie, mais à la fin, il faut succomber, Celui qui résisterait toujours ne tiendrait par aucun point à l'humanité : il serait ange ou démon.

Les deux jeunes amies, enlacées l'une à l'autre, avaient épuisé les paroles et les larmes. Le désespoir donne aux femmes un caractère de beauté touchant et sublime, parce qu'il met en relief, sur la grâce de la figure, les divines tendresses du cœur.

— Edward s'avança, avec une dignité calme, vers ce groupe charmant et désolé. Une détermination extrême venait d'être prise par lui.

Écoutez-moi, écoutez-moi, dit-il avec une voix de larmes contenues, je suis innocent, mais pour vous, je vais me faire criminel... Comtesse Octavie, vous exigez que je parle, je vais parler.

Octavie se souleva à demi, et regarda Edward.

— Ecoutez, Madame, poursuivit-il; demain, au lever du soleil, vous partirez avec une escorte, et vous verrez, en approchant de Nerbudda, un terrain ensanglanté largement, jonché de vingt cadavres ou souillé de leurs traces, s'ils ont été enlevés. Le comte Elona n'est pas au nombre de ces morts, je le jure sur l'honneur et les cendres de ma mère et sur la terre qui sera mon tombeau ! Il m'est impossible d'en dire davantage ; j'en ai même trop dit. Les secrets des autres ne sont pas les miens, et rien au monde ne me les ferait trahir, pas même votre mort, qui serait ma mort, comtesse Octavie....

— Dérision de Satan ! dit la jeune femme avec un sourire fatal; ma mort serait sa mort !.. Cette dernière parole me garantit la vérité de la première... Oui, Monsieur, achevez votre œuvre d'hypocrisie... osez me parler de votre amour... misérable !

— Madame, le lieutenant Stephenson m'appelle...

— C'est votre bohémienne qui vous appelle ! c'est votre danseuse de carrefour ! s'écria la comtesse avec une voix folle. Allez, allez à vos amours infâmes, assaisonnés de sang humain !

ce sont des voluptés dignes de vous ! Après le crime, le crime. Les caresses honteuses après les coups de poignard !

— Oh ! mon Dieu ! mon Dieu ! s'écria Edward, les mains dans ses cheveux ; quel horrible rêve ! mon Dieu ! réveillez-moi !

— Un rêve, dites-vous ! un rêve !... Ah ! le soleil était levé, mes yeux étaient ouverts quand j'ai fait ce rêve, moi ; c'était une atroce réalité !

— Alors, Madame, expliquez-vous...

— Si je m'explique, la rougeur teindra votre front mieux que le sang versé !

— Expliquez-vous, expliquez-vous, Madame...

— L'œil de la femme est comme le rayon du soleil, il perce les feuilles des arbres quand elles voilent un crime... Je vous ai vu, hier, quand votre brahmanesse suspendait son bras jaune à votre bras... Voilà ce que je ne voulais pas vous dire ; voilà ce que je vous dis. Je suis même enchantée de vous l'avoir dit avant mon départ. Il ne faut jamais laisser croire aux hommes qu'une femme est dupe de leurs menteuses protestations.

Ce fut un trait de lumière qui rayonna dans l'âme de sir Edward. Cela lui expliquait tout, le changement dans la parole et l'humeur d'Octavie, son départ précipité de Nerbudda, et aussi ce luxe de malédiction et de colère qui avait éclaté à la première occasion ; comme si la femme jalouse, n'osant découvrir le fond de sa pensée, eût saisi au vol un incident étranger pour écraser l'amoureux pris en flagrant délit de trahison.

— Madame, vous me comblez de joie, dit Edward avec un accent de mélancolie suave ; je bénis cette horrible scène ; puisqu'elle vous a conduite à cette explication. Madame, excusez-moi si, pour la première fois, je vous parle de cette douce et horrible nuit que nous avons passée aux étoiles, dans le domaine des bêtes fauves. En souvenir de cette nuit, je vous conjure de différer votre départ, et d'attendre que le soleil de demain vous apporte ma complète justification. Je vous le jure, vous serez contente de moi. Si j'étais criminel, je sortirais d'ici malgré vous, malgré le scandale dont vous me menacez. Non, je ne ferai pas une seule chose qui puisse vous déplaire. Je vous demande, à genoux, la permission d'aller accomplir un devoir, trop retardé peut-être, mais par des circonstances indépendantes de ma volonté.

La vérité, comme l'innocence, a un accent inimitable. Ces paroles dernières donnèrent une émotion de pitié à Octavie. Elle regarda l'attitude suppliante d'Edward avec des yeux où la colère semblait insensiblement s'éteindre. Amalia était toujours effrayante à voir dans son immobilité de statue funèbre renversée sur un tombeau.

— Vous me demandez un jour, dit Octavie. Au surplus, Monsieur, je ne suis pas votre juge, votre tribunal. Si vous êtes coupable, le châtiment saura bien vous découvrir... Vous me demandez un jour... un jour! c'est beaucoup dans ce drame brûlant qui nous entraîne avec son tourbillon de feu... Eh bien ! je vous accorde ce jour...

— C'est la vie que vous accordez à moi... et à un autre peut-être. Merci, Madame, merci !

— Demain, au coucher du soleil, vous serez donc, sir Edward, absous ou déshonoré à mes yeux.

— J'accepte avec joie et sans peur. Adieu, Madame, adieu !

Edward bondit de joie et franchit l'escalier comme une seule marche.

— Point de demande, point de reproche, dit-il au lieutenant Stephenson; c'est une demi-heure de perdue, voilà tout... Allons à la prison du fakir; brûlons le terrain et le moment.

La prison ouverte, quatre soldats saisirent le fakir Souniacy, et le conduisirent, les bras liés derrière le dos, dans un petit bois, au midi de Roudjah. Les armes furent chargées en sa présence, et le misérable Indien, voyant approcher l'instant du supplice, ne montra pas le courage assez commun, dit-on, parmi ceux de sa profession: Tout son corps était agité de frissons convulsifs ; l'heure et le lieu influaient sans doute aussi sur l'appauvrissement de son énergie.

Edward, qui dirigeait toutes ces opérations, avait demandé à Stephenson le plus agile coureur cipaye. Le coureur, muni d'instructions spéciales, était aposté secrètement derrière les arbres où l'on préparait le supplice de Souniacy.

Les soldats se placèrent à six pas du fakir, et abattirent leurs carabines presque à bout portant pour faire feu.

Aussitôt Edward accourut, suivi de Stephenson et de quelques officiers en uniforme. Il fit relever les carabines des soldats, et dit en indien au fakir : Mon ami, tes compatriotes ont demandé ta mort; mais les Anglais, qui sont bons t'accordent la vie. Je vais couper tes liens et te rendre ta liberté.

Une pareille action peut attendrir le cœur du plus sauvage. Le fakir Souniacy poussa un râle de joie en se voyant libre. — Pars, lui dit Edward, et vas dire à tes frères d'être bons comme nous.

Le fakir secoua ses jambes engourdies par les liens et la captivité, regarda les étoiles, et se perdit sous les arbres dans la direction des montagnes.

Le coureur le suivit de loin, mais sans le perdre de vue un instant.

— Voilà tout ce que nous pouvons faire humainement pour le pauvre comte Elona, dit Edward, en rentrant avec précipitation au village pour refaire sa toilette et prendre le cheval préparé. Lieutenant Stephenson, ceci, comme vous voyez, a un double but. Si notre malheureux Elona est encore vivant, au pouvoir des Taugs, chose possible, car les sacrifices humains ne se font chez eux qu'à la lune nouvelle, quand ils n'ont pas étranglé sur la place; si Elona n'est pas mort, il est probable que le fakir Souniacy lui accordera la liberté. Et puis, votre coureur qui fait trois milles en cinq minutes, vous rapportera des indices positifs qui vous mettront sur le véritable chemin du quartier-général des Taugs. Aussitôt vous partirez, lieutenant Stephenson, et vous agirez selon votre prudence et les inspirations du moment.

— Sir Edward, dit Stephenson, je m'incline devant votre sagesse. Oui, tout ce que vous pouviez humainement faire, vous l'avez fait.

— Le reste est à la Providence ; elle aide toujours ceux qui méritent d'être aidés... Ma journée est à peu près accomplie; il ne me reste plus qu'une obligation... Où es-tu, où es-tu mon brave Nizam ?

Quelques instants après, l'infatigable Edward reprenait, au vol de son cheval, la route de l'habitation de Nerbudda. En courant comme le vent sur la lisière du champ du combat, il salua les morts, et jeta le nom d'Elona aux échos de ce lieu maudit. Cette fois les spectres, s'il en restait, ne se levèrent pas. Edward arriva sur la terrasse de l'habitation bien avant le milieu de la nuit.

Le colonel Douglas, le nabab et sa fille

avaient entendu le galop du cheval, et ils attendaient Edward derrière la porte, légèrement entr'ouverte par précaution. Un domestique, aposté dans l'allée, s'empara du cheval, et le cavalier s'élança dans le vestibule, au milieu d'un triple houra d'allégresse. La citadelle fut barricadée au même instant.

— Savez-vous, sir Edward, que vous nous faites de belles peurs! — dit Arinda en joignant les mains. — Oh! nous vous aurions attendu jusqu'au jour! Le colonel nous a ordonné vingt fois de nous retirer, mais mon père et moi nous avons désobéi... Qui donc vous a retenu si tard? Ah! méchant, vous avez quelque connaissance!... C'est bon! tout se découvrira, Monsieur... C'est égal, je vous pardonne, à cause du billet que vous avez écrit ce matin au colonel Douglas! Le colonel Douglas ne nous a pas montré ce billet, parce que vous y parlez un peu trop de vos affaires secrètes, a-t-il dit; et il paraît, en effet, qu'elles sont fort secrètes, mauvais sujet! Mais le colonel a sauté de joie après l'avoir lu, et tout de suite, sans perdre un instant, il a envoyé des domestiques aux familles voisines, pour leur dire que notre mariage avait été devancé, et que notre bal aura lieu dans trois jours.

Les quatre personnages de cette scène venaient de s'asseoir. Le colonel Douglas laissait parler Arinda pour deviner les pensées d'Edward sur son visage. Edward, de son côté, feignait d'écouter la jeune Indienne avec un sourire calme, et se donnait ainsi le temps d'éteindre l'agitation haletante qui grondait en lui.

— Puisque, votre gracieuse bonté me pardonne, miss Arinda, — dit Edward en inclinant une figure joyeuse, et la relevant lugubre vers Douglas, — je ne prends plus la peine d'excuser mon retard. Un pardon de vous, miss Arinda, ne fait pas regretter d'avoir été coupable... Ainsi donc, nous danserons dans trois jours. Que je suis ravi de mon billet! comme il est venu à propos!

— Voyons, sir Edwasd, dit Arinda, vous paraissez souffrant de faim et de soif ; que voulez-vous que je vous offre ?...

— Mille remerciements, Mademoiselle, je ne veux qu'un peu de sommeil.

— Il est fort tard, en effet, — dit Douglas avec une langueur somnolente...

— Et il est encore plus tard pour moi, ajouta Edward. Nous avons poussé notre chasse fort loin aujourd'hui...

— Oh !..., causons encore un peu, Messieurs, — dit la jeune Indienne avec une minauderie charmante, — j'aime tant faire la veillée à la campagne ! le jour il fait trop chaud pour parler... Vous saurez, sir Edward, que votre billet de ce matin m'a procuré un cadeau superbe de notre bon père... Regardez ce diamant. Comment le trouvez-vous ?

— Il me paraît magnifique, miss Arinda ; mais la nuit ne fait pas valoir les diamants. J'aurai un plaisir infini à le revoir demain au grand jour.

— Avant votre arrivée, sir Edward, mon père et le colonel Douglas ont soutenu une longue discussion sur les diamants.

— Nous la continuerons demain, j'espère, — dit le colonel en se levant dans l'attitude expressive d'un homme accablé de sommeil.

— Croyez bien que vous avez tort, colonel, dit le vieux nabab.

— Peut-être, dit le colonel.

— Certainement, il a tort! dit Edward en se levant.

— Voilà sir Edward qui donne tort à mon père, — s'écria Arinda avec un grand éclat de rire, — et il ne connaît pas le sujet de notre discussion! Asseyez-vous donc, sir Edward. Nous verrons si vous pouvez être juge dans cette affaire... Venez vous asseoir à mon côté... Bien!... Connaissez-vous la valeur du diamant de Pitt (le régent)?

— C'est un diamant de 157 carats, — répondit Edward avec un léger bâillement dissimulé avec politesse.

— Croyez-vous, comme le colonel, — poursuivit Arinda, — qu'il n'y a pas de plus gros diamant au monde?

— Je le crois.

— Eh bien! vous êtes un ignorant, Monsieur. Le diamant que l'empereur Bâber prit à Agra en 1526 pèse 224 *ruttees*, ou 672 carats, et le fameux diamant d'Aureng-Zeb est de 900 carats.

— Dans le tarif des *Mille et une Nuits*, miss Arinda?

— Voilà justement ce qu'a dit le colonel! Est-ce que vous avez la prétention, Messieurs, de mieux connaître les diamants que mon père, qui en a fabriqué toute sa vie pour les Anglais?

— Nous nous rendons à cette raison, le colonel et moi, dit Edward; je vais faire, grâce à vous, des rêves de diamants, cette nuit, des rêves de 900 carats.

— Colonel, — dit Arinda à Douglas qui prêtait l'oreille aux murmures extérieurs de la nuit, en dissimulant mal son inquiétude, — colonel Douglas, vous abandonnez la discussion... que faites-vous là devant les croisées? Entendez-vous quelque chose?...

— Moi, belle Arinda, je me promène au hasard pour me tenir éveillé... je regardais la partition de *Robin des Bois* ouverte sur votre piano.

— Connaissez-vous l'ouverture de Weber, sir Edward?... que cela doit être beau la nuit! Si mon accordeur indien était venu aujourd'hui, je vous la jouerais. Il est fort inexact, cet accordeur.

— Probablement il a été fort occupé aujourd'hui, dit Edward en regardant le colonel... Au reste, cette ouverture est effrayante à cette heure.

— Moi! dit Arinda, je n'ai peur de rien, quand je suis avec des gens de guerre. Les femmes de l'Inde ont du cœur, elles sont nées pour être soldats. Connaissez-vous l'histoire de Noor-Jehan, sir Edward?

— Quel plaisir j'aurai de la connaître demain à mon réveil.

— Alors, il faut vous l'apprendre aujourd'hui, — dit Arinda en croisant ses bras sur la table dans une belle attitude de narration.

Douglas jeta un regard significatif et rapide à sir Edward. Ce regard disait : Résignons-nous et écoutons l'histoire.

— Voyons l'histoire de Noor-Jehan! dit Edward en appuyant son coude droit sur la table et son menton sur la main.

Le nabab dormait.

— Noor-Jehan, dit Arinda, joyeuse comme toute jeune fille qui se fait écouter, était la femme favorite de Jehangire, souverain des Cinq-Rivières, en 1616. Elle causa bien des chagrins à son mari en voulant faire donner à son fils Shariar, la succession au trône, au préjudice des aînés des autres femmes. Ce fut la cause de la grande rébellion qui coûta tant de sang et de deuil ; car le plus brave et le plus habile des fils déshérités, Shad Jehan, se fit un parti nombreux, et soutint ses prétentions par les armes contre son père. Enfin l'empereur Jehangire se trouva en grand péril et bloqué dans Lahore par son ministre rebelle Mohabet. Noor-Jehan était avec son frère Asiph-Kan; ils apprirent le malheur du souverain, et résolurent de le délvirer. Une grande rivière les séparait de l'armée de Mohabet. Noor-Jehan monta sur son éléphant, tenant son jeune fils à la main, et elle entra la première dans l'eau. Sa petite armée, excitée par l'héroïsme de cette femme, poussa des cris d'enthousiasme et la suivit à la nage. Noor-Jehan attaqua les ennemis et épuisa les flèches de cinq carquois. Trois guides d'éléphants furent tués à ses côtés, et son jeune fils fut blessé au bras. Elle remporta une victoire complète zt délivra son époux.

— Miss Arinda, dit Edward en se levant pour la troisième fois, votre histoire est magnifique ; elle a même le bonheur de n'être pas longue.

Quelle femme ! Je vais rêver de Noor-Jehan cette nuit, si j'en ai le temps.

— Vous croyez, sir Edward, dit Arinda en l'obligeant à reprendre sa place, vous croyez que c'est la seule femme d'Asie qui soit une héroïne ? Nous en avons des milliers comme celle-là... Voulez-vous que je vous raconte l'histoire des femmes de l'émir Lodi.

Douglas fit un mouvement d'impatience qui fut éclipsé avec adresse par Edward.

— Mais, miss Arinda, dit-il en riant, gardez-nous quelque chose pour la veillée de demain. Les femmes de l'émir Lodi troubleraient mon sommeil, Noor-Jehan me suffit*.

— Alors, sir Edward, dit Arinda en se levant, il est inutile de vous souhaiter une bonne nuit...

---

* L'histoire de Jehangire est une série de drames sanglants d'un intérêt merveilleux. Les femmes de l'émir Lodi se tuèrent toutes pour échapper au déshonneur ; exemples de vertus héroïques très communs dans l'Inde. On peut lire ces admirables traditions dans l'*Historical and descriptive account of British India. by Hugh Murray*, etc.

— Je crois bien, miss Arinda ; j'ai la tête pleine de diamants, d'héroïnes indiennes et de sommeil.

— Colonel Douglas, dit Arinda, vous êtes bien distrait ce soir...

— Je songeais à nous, ma belle miss Arinda, et je pensais à vous ; cela vous explique mon indifférence pour les autres femmes et les autres diamants.

— Ah ! dit Edward, le colonel est galant comme un mari avant le mariage !

— Est-il méchant, ce sir Edward ! dit Arinda. Le colonel m'a promis d'être toujours après comme avant.

— Alors, je me tais ; miss Arinda, et pour prouver que je ne vous garde point rancune de vos épigrammes, je vous accompagne, un flambeau à la main, jusque sur le seuil de votre chambre de lit. Vos femmes vous attendent au bas de l'escalier. Me permettez-vous d'ouvrir la marche ?

— Je ne vous ai jamais vu passionné pour le sommeil comme ce soir...

— Vous appelez cela *ce soir*, miss Arinda ! nous sommes à demain.

— Allons, venez, vieux enfant, et réveillez mon père, qui dort partout, lui... Réveillez votre beau-père, colonel Douglas.

— Oui, ma chère femme, répondit le colonel.

— Vous voilà mariés, dit Edward, que Dieu vous bénisse et montons.

— Il me semble, dit Arinda en s'arrêtant sur la première marche de l'escalier, il me semble qu'on poarrait bien supprimer ces deux espèces de sentinelles qui dorment debout derrière la porte.

— Vraiment, miss Arinda, dit Edward, en continuant de monter, ce soir je ne vous reconnais plus. Ce soir vous êtes courageuse comme Noor-Jehan.

— Dites donc à ces sentinelles d'aller dormir dans leur chambre, poursuivit Arinda, est-ce que vous craignez que les tigres ouvrent la porte avec une fausse clé?

— Vous avez raison, belle Arinda, dit le colonel ; c'est une précaution de luxe ; je vais envoyer ces deux dormeurs au lit.

On se sépara bientôt après. Douglas et Edward se trouvèrent enfin seuls et face à face.

— Quel jour ! quelle nuit ! dit Edward.

— Je sais tout, dit Douglas.

— Vous ne savez rien, mon colonel.

— Vous êtes tombés dans une embuscade, à la source du petit bois. Moss a entendu dans le lointain un bruit sourd d'armes à feu, et qui n'a duré qu'un instant. Cent hommes sont partis au vol ; ils n'ont trouvé que vingt cadavres. Anglais et Taugs tout a été enseveli. On ne saura rien demain.

— Vous ignorez tout. En cinq minutes, je vais vous raconter ce que trois heures peuvent entasser d'évènements.

Douglas écouta le récit d'Edward avec une émotion facile à comprendre ; puis :

— Mon cher Edward, dit-il, dans tout cela il y a une chose horrible pour nous tous, et désolante pour moi en particulier. C'est la catastrophe du pauvre Elona. Si Dieu n'a pas fait un miracle, Elona n'existe plus en ce moment.

Quelques larmes mouillèrent furtivement les yeux des deux amis. Chez beaucoup d'hommes la sensibilité a aussi sa pudeur.

— Et s'il est mort, — dit Edward après une courte pause, — s'il est mort, votre mariage avec miss Arinda...

— Soyons à notre devoir, à cette heure, mon ami, pensons aux choses sérieuses, Edward... Avez-vous réfléchi à cette embuscade de Taugs ! Ces monstres-là sortent de leurs habitudes. Que faisaient-ils là dans le bois, en si petit nombre, quatre heures avant le lever de leur étoile, à deux pas du grand chemin dans un champ de riz ?... cela me paraît bien mystérieux!... Ils ont même oublié d'enterrer les morts, selon leur usage.

— C'est qu'ils comptaient sur les tigres.

— Oui, peut être... n'importe, cette attaque est étrange!... Mes rapports reçus aujourd'hui sont assez favorables. On sait, par des espions, qu'il y a du découragement parmi les Taugs; le prosélytisme n'est pas en faveur. Les adeptes manquent, les vieux se retirent épuisés. Les ennemis qui nous restent n'en sont que plus redoutables, parce que leur fanatisme a tout surmonté. Il faut donc frapper un grand coup; nous le frapperons. Je suis prêt.

— Si le stratagème du fakir Souniacy a le succès attendu, dit Edward, nous avons quelque espoir pour Elona.

— Espoir bien faible, mon ami! N'importe, le stratagème est bon, et j'approuve tout ce que vous avez fait à Roudjah.

— Vous concevez, Douglas, que je n'ai pas voulu venir vous demander des soldats ici, à vous, il ne fallait pas dégarnir l'habitation de Nerbudda, menacée chaque nuit...

— Vous avez raisonné juste, mon cher Edward... Maintenant, tout nous porte à croire que nous ne serons pas attaqués cette nuit... Cependant il faut être sur nos gardes... Je vais m'esquiver par la voie ordinaire, pour achever la nuit au milieu de mes soldats ; vous, Edward, prenez du repos, votre colonel vous l'ordonne. Dormez l'œil ouvert, et les mains aux pommeaux de vos armes. Votre poste est plus honorable et plus périlleux que le mien ; vous gardez la maison du vieux nabab et le sommeil de miss Arinda.

— J'obéis à mon colonel, dit Edward en serrant les mains de Douglas.

— Nous parlerons d'Octavie demain. Adieu, Edward.

— Adieu, Douglas... N'est-il pas étrange que l'amour se mêle à toutes les affaires sérieuses de ce monde ! Nous ne sommes que trois dans ce désert ; trois : l'un voudrait donner le bonheur à sa Pologne, vous à votre Bengale, moi à notre genre humain; et ces trois généreuses pensées roulent dans nos têtes avec des noms de femmes et toutes les distractions fiévreuses de la jalousie et de l'amour.

— Hélas! dit le colonel, peut-être en ce moment ces trois hommes ne sont plus que deux au désert!

LE TEMPLE DE DOUMAR-LEYNA[*].

[*] Il y a dans l'Inde deux temples de ce nom.

Des sphinx, des bœufs d'airain sur l'étrave accroupis,
Ont fait des chapiteaux aux piliers décrépits ;
L'aspic à l'œil de braise, agitant ses paupières,
Passe sa tête plate aux crevasses des pierres.
Tout chancelle et fléchit sous les toits entr'ouverts.
Le mur suinte, et l'on voit fourmiller à travers
De grands feuillages roux, sortant d'entre les marbres,
Des monstres qu'on prendrait pour des racines d'arbres.
Partout, sur les parois du morne monument,
Quelque chose d'affreux rampe confusément ;
Et celui qui parcourt ce dédale difforme
Comme s'il était pris par un polype énorme,
Sur son front effaré, sous son pied hasardeux,
Sent vivre et remuer l'édifice hideux !

(Victor Hugo. *Puits de l'Inde.*)

VII

Par des sentiers connus d'eux seuls, les étrangleurs indiens conduisirent leurs prisonniers vers la chaîne de montagnes qui se plonge à l'horizon derrière le village de Roudjah. Lorsque le jeune Elona et ses neuf compagnons d'infortune se virent lier les pieds et les mains par leurs sauvages vainqueurs, presque toujours habitués à égorger sur place, ils comprirent que le fanatisme religieux leur réservait un autre genre de mort, et que le victimaire les attendait sur l'autel de la déesse Deera.

Dans une gorge déserte du mont Séreh, une large et symétrique excavation, taillée comme un pylone égyptien, sert de portique au temple de Doumar-Leyna. Il y a aux environs de ce parvis lugubre un si prodigieux amas de roches amoncelées, que les Indiens de la contrée eux-mêmes ne pourraient le découvrir, sans avoir pour guide un de ces fakirs pèlerins qui se croient obligés de suivre les cryptes anciennes, où leurs aïeux adorèrent la trinité du culte indou. La date de leur inauguration a été oubliée par les histoires. Quelles sont les puissantes mains d'architectes et de sculpteurs qui ont enseveli ces merveilles dans les continents et les archipels? C'est le secret de l'Inde. Il a fallu tant de siècles et de générations pour labourer ainsi les entrailles de la terre et faire pousser dessus et dessous cette végétation infinie de colonnes et de monstres géants, qu'il semble que les soixante siècles écoulés n'ont pu suffire à ce travail, et que notre planète est sortie des mains de Dieu avec cette inconcevable architecture, pour exercer les disputes des sages et faire dire à la science un mensonge éternel.

Le temple de Doumar-Leyna n'est pas un chef-d'œuvre de grâce et d'élégante solidité, comme le temple de Boro-Bodor à Java. Toute pierre destinée à monter au grand soleil, vers le firmament bleu, fut ciselée avec amour et complaisance par l'architecte indien ; la pierre souterraine et ténébreuse garde le caractère effrayant des mauvais rêves de la nuit. Le sculpteur qui a pétri les entrailles de la montagne Doumar-Leyna en fit jaillir d'épouvantables arabesques, pour matérialiser, au fond de ce puits, les caprices du malin génie dont le nom est Myhassor. Il créa un peuple d'animaux symboliques, et les fit ramper ou s'accroupir, comme des piédestaux vivants sous les colonnades, et les fit saillir, avec leurs faces monstrueuses, aux corniches des plafonds. Tous les mauvais esprits de la théogonie indienne semblent sortir, nains ou géants, des parois des rocs souterrains, en agitant leurs chevelures de couleuvres, et leurs bras armés de haches ou de poignards. Lorsque dans une fête de fakirs, ce vieux temple s'illumine aux flammes de Bengale, et que les adorateurs, plus hideux encore que leurs dieux, tourbillonnent dans ce labyrinthe de colonnades infinies, on croirait que les statues des démons, les têtes des taureaux, des lions, des éléphants, les groupes gigantesques des bas-reliefs, s'agitent dans une lueur verdâtre et confuse; et que les échos intérieurs de la montagne sont les mugissements joyeux de ce peuple de monstres qui remercient les adorateurs.

Dans la nef la plus reculée de ce lugubre édifice, les Taugs tiennent leurs conseils, et célèbrent leurs rites. L'informe statue de Deera se dresse sur un piédestal de rocher gluant. A droite et à gauche de l'autel, on distingue confusément deux bas-reliefs, à figures gigantesques; l'un représente le combat de Dourga et de Myhassor; l'autre le supplice du ravisseur de Sita, dont notre histoire a déjà parlé. Deux lampes sépulcrales, entretenues par un suif fétide, brûlent et fument dans ce sanctuaire ; on croirait toujours qu'elles vont s'éteindre sous le poids des ténèbres massives suspendues aux voûtes humides du roc, et la lueur intermittente qu'elles donnent est plus horrible que la plus sombre nuit. Le murmure continuel des eaux invisibles, et des touffes d'herbes, agitées par de ténébreuses familles d'insectes et d'oiseaux est la seule chose qui rappelle la vie extérieure dans ce temple où se réjouit la Mort.

Les fakirs, prêtres du sacrifice, arrivèrent les premiers, avec une gravité religieuse qui annonçait le respect dont ils étaient saisis, en posant un pied profane, dans ce sanctuaire de leurs plus redoutables divinités. La bande des Taugs suivait les fakirs, en imitant leur démarche. Les prisonniers, dégagés de leurs liens, pour être sacrifiés comme des victimes libres, s'avançaient, la tête haute, et la face empreinte du sublime orgueil de ce courage qui veut, à l'agonie, jeter l'insulte au front des assassins. Le jeune Elona, les bras croisés sur sa poitrine nue, se distinguait encore au milieu de ses compagnons, par un dédain superbe et la noble insouciance de son regard. On aurait cru voir un voyageur artiste, entrant, avec ses guides, dans le temple de Doümar-Leyna, et prodiguant des saluts d'admiration à cet immense rêve pétrifié, bâti par les architectes de l'enfer.

La pensée qu'exprimait l'attitude de l'héroïque jeune homme était celle-ci : avant de mourir, je suis toujours bien aise d'avoir vu cela.

En pareille circonstance, Edward aurait dessiné les bas-reliefs.

L'honneur de la vie, c'est le mépris de la mort.

Les sauvages indiens entonnèrent l'hymne à la déesse Déera sur un ton dolent et monotone qui est la mélopée de tous les cultes d'Orient. A chaque verset, les fakirs se prosternaient devant la statue informe, et, en se relevant, ils prenaient des poses d'extase, comme s'ils venaient d'être initiés à la béatitude du céleste jardin de Mandana.

L'hymne terminé, deux bourreaux saisirent un prisonnier et le conduisirent devant l'autel de la déesse. C'était une victime d'élite, un jeune homme de vingt ans, couronné de boucles de cheveux blonds, et dont le frais visage contrastait avec les faces livides, vertes, osseuses, des sacrificateurs. Il présenta hardiment sa tête au lacet de soie tendu devant lui pour s'arrondir autour de son cou. Chaque victimaire appuya une main sur l'épaule du malheureux, et allongeant l'autre bras qui tenait fortement l'un des bouts du lacet fatal, il jeta sur le pavé un premier cadavre étouffé avec une infernale dextérité.

Les prêtres levèrent les yeux vers les terribles divinités des bas-reliefs, comme pour découvrir sur leurs faces de pierre un sourire d'approbation; car la fable, qui est l'histoire religieuse de ces dévots indiens, affirme que la statue d'Indra s'agita un jour sous son manguier, parmi les sculptures des deux portiques de Dau-Tali, pour saluer, à son passage, le glorieux architecte des temples d'Elora.

Les autres prisonniers, en voyant étrangler leur frère, voulurent lutter d'insensibilité avec les bourreaux, les prêtres et les sauvages spectateurs de cette scène. Dès ce moment, dans une excitation d'amour-propre sublime, ils résolurent tous de tomber dans une mâle attitude; d'ailleurs ils rendaient, en mourant avec noblesse, un dernier service à leur pays; l'effet moral rejaillissait sur toute l'armée; ils semblaient dire à leurs ennemis : C'est à vous de trembler ! voilà comme nous sommes tous !

L'idée était grande, mais elle n'allait pas à son but, avec cette horde de fanatiques et d'illuminés qui, à leur tour, auraient tous versé volontiers la dernière goutte de leur sang sur le cadavre du dernier Anglais vaincu.

Le supplice des prisonniers s'accomplissait avec une lenteur solennelle. Les prêtres semblaient vouloir prolonger l'atroce volupté de la cérémonie ; et après une exécution, ils retardaient la suivante, afin de donner le temps à toute l'armée des Taugs, disséminée dans les montagnes, de venir prendre sa part de ce festin de cadavres. A chaque instant des bandes nouvelles arrivaient à Doumar-Leyna, et se glissaient, comme des ombres infernales, à travers les colonnades de l'immense souterrain ; ceux qui, venus trop tard, ne pouvaient voir ni l'autel, ni le sacrifice, escaladaient les portiques en ruines, pour se suspendre aux corniches, et mêler leurs muffles mouvants aux têtes immobiles des sphinx, des tigres et des taureaux. La clarté des lampes courait sous les voûtes, et faisait luire tous les yeux de ces Indiens fauves, enlacés aux colossales arabesques des plafonds.

On avait égorgé neuf prisonniers, et leurs cadavres, couvrant la base de l'autel, semblaient être le piédestal de la déesse. Restait le jeune Elona. Les prêtres comprenaient que celui-ci n'était pas un prisonnier vulgaire, et qu'il fallait lui accorder les honneurs d'une agonie plus longue, et d'un supplice plus affreux.

L'héroïque jeune homme sortit des ténèbres qui le voilaient et s'avança devant les lampes de l'autel pour mourir.

Il prit trois fois dans sa main un peu de terre, et la jeta sur les cadavres, en priant.

Puis, il croisa les bras sur sa poitrine et attendit les bourreaux.

Le reflet des lampes ne trahissait, sur sa noble figure, d'autre sentiment que la pitié pour ses compagnons morts avant lui.

Les mains des sacrificateurs tombèrent sur ses épaules et il ne tressaillit pas.

Tout-à-coup un horrible sifflement sortit des bas-reliefs du ravisseur de Sita; les statues des Typhons indiens s'agitèrent au flanc de la montagne, et une image de pierre, avec des yeux vivants, étendit ses bras vers les sacrificateurs.

Une voix foudroyante fit entendre ces paroles : Prêtres de Siva, enfants du Lion de Dieu, serviteurs de Myhassor, suspendez le sacrifice ! Cette dernière victime appartient au dieu Soupramany-Samy, le second fils de Siva, qui a longtemps habité ce temple sous la forme d'un serpent. Sortez tous et laissez ici ce vivant profane. Le serpent Ananta demande son sang et sa chair. Enfants du Lion de Dieu, demain, vous rentrerez tous ici et vous passerez la nuit dans la prière et la contemplation.

Après avoir dit ces paroles, le simulacre de pierre referma ses yeux, raidit ses bras et son corps en reprenant son immobilité de bas-relief.

Les prêtres, les fakirs, les sacrificateurs, tous les Indiens témoins de ce prodige, souvent cité dans leur histoire, tombèrent la face contre terre. Elona seul resta debout, les yeux fixés sur les statues du bas-relief, et les considérait avec une attention minutieuse et tranquille pour deviner le sens naturel de ce prodige inouï. La sculpture colossale garda son secret.

La foule se retira lentement, précédée par les

bourreaux et les prêtres, et tous, saisis d'une sainte terreur, traversaient les colonnades tête basse et les mains levées, murmurant les paroles mystiques qui apaisent la colère de Myhassor.

Le temple devint désert.

Elona, échappé à la mort par un inconcevable prodige, comprit que dans sa position désespérée il n'y avait pas d'imprudence possible, et que tout moyen était bon, avec l'aide de la Providence, pour chercher une issue de fuite et de salut. Le lacet des Taugs était tombé à ses pieds, en effleurant son cou; mais le labyrinthe de Doumar-Leyna l'étouffait dans ses inextricables étreintes de granit et l'ensevelissait vivant auprès des cadavres de l'autel. Avant de se hasarder dans le Dédale indien, il voulut examiner de près le bas-relief sauveur, et surtout la statue, qui ne montrait en ce moment qu'un torse immobile et des yeux éteints, mais qui, tout à l'heure, s'agitait avec des contorsions effrayantes et lançait des regards de flamme aux prêtres de Déera.

Il fit trois pas en avant et il s'arrêta, — Oh! se dit-il à lui-même, ceci est un rêve affreux! Je crois veiller et je dors! ou bien, tout ce que l'on raconte des magiciens de l'Inde est vrai.

La statue avait ouvert les yeux, et sa main faisait le signe qui veut dire avancez encore.

Une voix légère sortit des lèvres du simulacre de pierre et dit :

— Comte Elona, éteignez les deux lampes.

Elona, saisi d'un effroi nerveux, hésitait et n'obéissait pas.

— Eteignez les deux lampes, comte Elona, répéta la statue.

Elona fit une réflexion fort naturelle et rapide comme la pensée : même avec le secours de ces lampes, se dit-il, j'aurai de la peine à me guider dans ce labyrinthe ; que deviendrai-je, si je les éteins !

— Alors, dit la statue, puisque vous refusez

de vivre, il faut que je soye imprudent comme vous.

Ayant dit cela d'un ton sec, la statue s'élança lestement par-dessus les figures du bas-relief, tomba sur les lampes et les éteignit.

Au même instant, une main vigoureuse saisit le bras d'Elona, et une voix lui dit à l'oreille, laissez-vous guider et suivez-moi.

Les ténèbres de la nuit sont la clarté du jour auprès de l'obscurité qui plombait alors le souterrain de Doumar-Leyna.

Elona suivit son étrange guide, marchant avec ses pieds, et n'osant ni résister, ni penser, ni parler, il lui semblait qu'il venait de rendre le dernier soupir et qu'un démon le traînait aux enfers.

Le guide mystérieux marchait avec assurance et n'hésitait jamais, au milieu des ténèbres opaques qu'il fallait percer comme une montagne d'ébène, sans l'ombre d'un seul rayon.

Enfin un point lumineux scintilla dans le lointain, et s'agrandit insensiblement, des groupes d'étoiles semblaient se lever sur les lèvres d'un gouffre noir, taillé avec symétrie, comme la porte d'un tombeau.

Le guide dit à Elona :

— Restez-là, immobile, et attendez-moi, et il s'élança dans le corridor du temple avec une agilité peu commune chez les statues de bas-relief.

Elona le suivit des yeux et vit, dans un lointain vaporeusement étoilé, son ombre encadrée par la porte, se haussant et se courbant avec une souplesse féline, comme pour regarder ce qui se passait aux environs.

Quelques instants après, ils étaient tous deux hors du temple et sur une montagne voilée d'arbres, hors de l'atteinte des Taugs.

Respirons un peu ici — dit le guide. — Maintenant, comte Elona, me reconnaissez-vous?

— Non, — dit Elona stupéfait, en examinant cet être incompréhensible qui gardait encore la teinte du bas-relief, et qui ressemblait toujours à une statue ambulante, douée du regard et de la voix, par quelque artifice infernal.

— Ah! vous ne me reconnaissez pas! dit la statue; comment...

— Oui, oui, maintenant, votre voix vous fait reconnaître, — dit Elona en serrant les mains de son guide, — vous êtes notre brave Nizam!.. Et pourquoi n'avons-nous pas été tous sauvés par vous?

— Ah! pourquoi!... Certes, si j'eusse prévu que tout irait aussi bien je n'aurais pas attendu votre tour de sacrifice pour épouvanter les bourreaux. Mais j'avais de grandes craintes, il me fallait une expérience comme celle-là pour me prouver que ces Indiens sont aussi stupides que leurs pères du temps d'Aureng-Zeb. Oh! lorsque je vous ai reconnu devant l'autel, lorsque j'ai vu la main du bourreau se lever sur le noble ami de mon noble sir Edward, j'ai mis la prudence en oubli, j'ai joué le tout pour le tout, comme dit le Français?

— Mais par quel miracle vous trouviez-vous là, mon brave Nizam ?

— Il n'y a pas de miracle ; je suis presque toujours là dans les moments graves, et ils sont très graves, comte Elona. L'habitation est menacée. Les Taugs s'imaginent que Nerbudda renferme tous les chefs de l'armée anglaise et des Indiens renégats. Il faut vous dire que, depuis quinze ans, c'est toujours de l'habitation de Nerbudda que sont partis de grands coups. Aujourd'hui j'étais à mon poste de bas-relief pour l'heure du conseil ; et, mes renseignements pris, j'allais chanter ma chanson d'alarme sur un arbre de la terrasse de Nerbudda, ainsi que cela est convenu, avec sir Edward. Plus ma chanson sera tendre, plus le péril sera grand. Comment cette attaque se fera-t-elle ? Quelles sont les forces et les ruses qui menacent l'habitation ? Voilà ce que j'ignore et ce que je veux savoir. Hier le vieux Sing avait convoqué mille hommes pour un grand coup de main ; et tout de suite après il a donné contr'ordre. Savez-vous pourquoi? C'est une superstition de Taugs. Le vieux Sing a vu courir un lièvre *.

— C'est un animal de mauvais augure, Nizam?

— Pour les Taugs, comte Elona. Les mille hommes ont été réduits à cent *pour l'expédition ordinaire*, a dit le vieux Sing. Je sais que de nombreux soldats et de braves officiers veillent autour de Nerbudda, et ils n'ont rien à redouter de cette *expédition ordinaire* dont j'ignore encore le but et qui est confiée à cent hommes toutes les nuits.

— Ce sont pourtant ceux-là qui nous ont pris, et presque aux portes de Nerbudda.

— Sir Edward était-il avec vous?

— Oui, Nizam.

— Oh! lui s'échapperait des griffes du diable!

---

* *A hare croissing the road is a bad omen for mahometans, Thugs of India and Highlanders.* — Un lièvre traversant un chemin est un mauvais augure pour les mahométans, les Taugs de l'Inde et les montagnards écossais.
(*Letters on Egypt*, etc., by lord Lindsay. Vol. II, p. 5.)

— Nizam, sir Edward a été sublime...

— Cela ne m'étonne point, comte Elona.

— Sir Edward pouvait s'échapper; son cheval ne demandait pas mieux. L'intrépide cavalier m'a vu tomber dans les Taugs, et il a enlevé, pour ainsi dire, son cheval avec ses genoux ; ses pieds, ses mains, ses dents, pour venir à mon secours. J'ai vu là, en un clin d'œil, tout ce qu'un homme peut faire de surhumain. Je suis à vous ! je suis à vous ! Elona ! tenez bon ! s'écriait-il d'une voix de tonnerre. Mon cheval est tombé mort, celui d'Edward est arrivé au délire de la peur, et il a sauvé son maître, malgré lui, en l'emportant vers le bois.

— Alors tout va bien, comte Elona. Voyons, où voulez-vous aller maintenant ?

— Toujours à l'auberge où sir Edward m'a exilé, à Roudjah.

— Je vais vous mettre sur votre chemin. Nous allons glisser comme le vent, là-bas, au bout de la crête, du haut de la montagne dans la plaine, deux heures après, vous serez au village, en suivant mes indications... Mettez-vous dans mes pieds, comte Elona. Venez. En traversant le fleuve, j'y laisserai ma teinte de bas-relief; et nous trouverons des vêtements dans mon cottage de Roudjah, où quatre cipayes adroits doivent me faire cinq cents costumes en cinq jours.

— En cinq jours, cinq cents costumes !

— Ne riez pas, comte Elona; en temps et lieux, vous verrez. Mes ateliers travaillent nuit et jour.

—Et maintenant, mon brave Nizam, pour acquitter ma dette de reconnaissance, que ferai-je ?

— C'est bien simple, vous ne ferez rien.

Nizam allongea le pas sur la crête de la montagne, et le comte Elona le suivit.

Aux mêmes heures où ce drame étrange et funèbre remplissait de ses horreurs le souterrain de Doumar-Leyna, les bataillons de Roudjah, conduits par le lieutenant Stephenson, marchaient vers la retraite des Taugs. L'habile coureur qui avait suivi à la piste le fakir Souniacy, s'était arrêté au bas d'un torrent desséché qui s'élevait, en serpentant, jusqu'au sommet de la montagne, et ressemblait, dans les ténèbres, à un sentier taillé par la main des hommes, et conduisant à des repaires de bandits. L'espion avait laissé perdre le fakir dans les détours de ce chemin aérien, et persuadé qu'il était inutile d'aller plus loin, et supposant avec raison que les Taugs de ce canton vivaient dans quelque autre désert du versant opposé, il retourna sur ses pas et rejoignit dans les bois le lieutenant Stephenson.

Aussitôt les soldats s'élancèrent vers la région de la montagne, précédés par le guide coureur. Quand ils arrivaient au bas du torrent desséché, sentier naturel, ils auraient dû voir, si le soleil eût été levé, Nizam et le comte Elona, courant sur les corniches de la crête, vers la dernière pente inclinée à l'horizon du couchant.

Le torrent sans eau, voilé d'arbres, couvrit l'ascension des soldats jusqu'au sommet. Arrivé sur le plateau culminant, le lieutenant Stephenson n'aperçut autour de lui qu'une nature bouleversée, horrible à voir à la clarté des étoiles; une terre morte et sombre sous un ciel plein d'une vie radieuse et sereine ; d'innombrables quartiers de roches se détachaient sur ce versant jusqu'au fond des abîmes ; chacun de ces blocs, entouré de ténèbres à sa base, avait à son sommet un point lumineux tombé des astres. On aurait cru voir les douze mille Maldives, ces petites îles, séparées par le détroit d'un ruisseau, et qui, la nuit, brillent comme une constellation terrestre dans l'immensité de l'Océan indien.

Au milieu des ombres nocturnes, dans les zônes torrides, le moindre bruit de la plaine, monte, sans rien perdre de son accent, jusqu'au sommet de la montagne. Le lieutenant Stephenson crut entendre d'abord le murmure sourd d'un torrent ou d'une cataracte; mais en examinant, autant que l'obscurité pouvait le permettre, la nature et la configuration des terrains, et la nudité anguleuse des montagnes, il rejeta l'idée que ce bruit provenait d'un grand courant d'eau inférieur. Il prêta l'oreille avec plus d'intelligence, et cette fois, il distingua un chant monotone exécuté par des voix nombreuses et ressemblant assez à la mélopée lente de l'hymne de Luther. Par intervalle, le murmure cessait. Le torrent et la cataracte ne pouvaient donc plus être admis, eux qui chantent toujours. Point de doute, c'était un concert de voix humaines, entonné dans les nefs de ces abîmes. Les vieux soldats indiens, rangés en cercle autour de Stephenson, regardaient leur lieutenant et lui adressaient une pantomime significative qui voulait dire : ce sont les Taugs qui chantent là-bas. Les plus jeunes des cipayes rampaient avec une prudente souplesse, sans remuer un caillou, et s'avançant jusque sur le bord d'une montagne taillé à pic, ils mêlaient leurs cheveux aux saxifrages flottants des corniches, et hasardaient un regard perpendiculaire pour découvrir les ennemis, et reconnaître leur nombre et leur position.

Le lieutenant Stephenson avait à peine avec lui cent cinquante hommes, et l'ordre de marcher n'émanant pas directement du colonel Douglas, il comprenait toute l'étendue de sa responsabilité, et voulait scrupuleusement sonder le terrain, avant de se précipiter sur les Taugs, et d'engager avec eux un combat sur un terrain mouvant et anguleux, sur des pointes d'abîmes, où le désavantage serait pour les assaillants, surtout si l'ennemi avait encore la supériorité du nombre en sa faveur.

Un jeune cipaye de quinze ans, créature frêle et vive, qui passait comme un lézard dans les crevasses des roches, s'enlaçait aux rameaux saillants des arbustes et flottait avec eux dans la gueule d'un précipice, vint déposer son rapport du bout de ses lèvres à l'oreille de Stephenson. L'enfant avait vu et compté les ennemis : ils étaient plus de mille, tous réunis sur un plateau entouré d'abîmes, et ils psalmodiaient l'hymne à leurs divinités, sans doute pour demander leur assistance avant une grande expédition.

Stephenson ne pouvait prendre conseil que de lui-même ; il résolut donc d'envoyer trois messagers à Nerbudda pour instruire le colonel Douglas, en lui demandant des ordres et des secours. En attendant, il crut devoir garder sa position qui était bonne, et pouvait se combiner avec un plan d'attaque, dans les éventualités d'un très prochain avenir.

En lisant cette histoire, on sera peut-être étonné du petit nombre de soldats que cette guerre mettait en jeu des deux côtés. Aussi nous devons faire observer, en forme d'épisode, que la guerre du Nizam ne ressemble point aux opérations militaires de notre Europe, et que l'artillerie, la fusillade, les charges de cavaliers, les évolutions savantes étaient exclues comme inutiles avec d'invisibles adversaires qui avaient mis l'assassinat non pas à l'ordre du jour, mais à l'ordre de la nuit. Nous ajouterons encore que nous mentionnons seulement ici les rencontres sanglantes liées à notre drame domestique. Bien d'autres luttes ténébreuses étaient soutenues aux mêmes heures, dans d'autres lieux, avec d'autres noms. Les étrangleurs étaient partout et nulle part; et les forces partielles dirigées contre eux, presque toujours insuffisantes, ne pouvaient amener que bien tard un heureux résultat général et décisif.

Lorsque les fakirs, les prêtres, les sacrificateurs sortirent du temple de Doumar-Leyna, en entendant la voix de la statue du bas-relief, ils se réunirent tous sur un plateau inabordable ou le vieux Sing, leur chef, avait choisi sa retraite dans un large tronc d'arbre mort. Tous gardaient un silence religieux, commandé par le prodige dont ils venaient d'être les heureux témoins. Un nouvel incident mit le comble à leur fanatisme et justifia l'audacieuse intervention de Nizam. Le fakir Souniacy, tant regretté par les Taugs, et qui avait été déjà mis au rang des martyrs et des saints, reparut tout à coup au milieu d'eux. Les prêtres croyaient et publiaient que le fakir était mort sacrifié par les barbares sur l'autel du dieu des chrétiens, et qu'en expiation de ce sacrilège il fallait immoler aussi à Déera quelques prisonniers ennemis. En retrouvant Souniacy, ces prêtres ne manquèrent pas d'attribuer le miracle de cette espèce de résurrection au récent holocauste de Doumar-Leyna ; et le fakir se garda bien de les détromper, de peur d'être obligé de donner des éloges à la générosité de ses ennemis qui venaient de le rendre libre au moment fatal de l'exécution.

L'hymne que psalmodiaient les prêtres et les Taugs était une action de grâces rendue à Déera qui, satisfaite de l'holocauste, leur avait rendu le saint fakir Souniacy.

Les trois messagers du lieutenant Stephenson étaient partis pour Nerbudda, non pas ensemble, mais l'un après l'autre, et par des chemins différents, comme on fait en écrivant une lettre par triplicata des Indes en Europe, à cause des dangers ou des erreurs de la nuit; on supposait qu'un des trois émissaires arriverait sain et sauf à sa destination.

Ainsi le lieutenant Stephenson avait renoncé à l'espoir de sauver les neuf prisonniers et le jeune Elona. Il se consolait en quelque sorte, pourtant, de n'avoir rien pu faire pour ces malheureux, en songeant que le but de sa mission ne serait pas complètement manqué, puisqu'il occupait une position avantageuse dont le colonel Douglas profiterait sans doute le lendemain.

Au coucher des dernières étoiles, le lieutenant Stephenson caserna ses soldats dans les anfractuosités de la montagne, pour les dérober, par luxe de précaution, aux yeux infaillibles des Taugs. Le soleil, a son lever, découvrit, vers un horizon inconnu, une terre aride et désolée, comme le domaine de la mort. C'était une succession infinie de roches aiguës, ressemblant à une mer battue par l'ouragan, et dont les vagues auraient été subitement glacées par un froid polaire, en conservant leurs formes, dans une subite immobilité. De loin en loin, on distinguait les ruines superbes de quelque vieux temple, sans nom et sans Dieu, élevé aux âges inconnus, par des architectes qui bâtissaient des rocs sur des rocs, et *changeaient la forme des montagnes*, pour nous servir encore, en finissant, d'un vers du divin poète qui a tout écrit et tout chanté.

LE LENDEMAIN.

VII

Après une nuit de larmes, de silence morne et de désespoir, Octavie et Amalia virent se lever une journée pleine d'incertitudes désolantes et de deuil. Elles étaient descendues dans le jardin de la maison, qui depuis la veille leur servait d'hôtellerie, et assises sur le même banc de gazon, elles prêtaient l'oreille à tous les bruits que fait, en se réveillant, un village de soldats, de colons et de fermiers. A tout moment, elles s'attendaient à voir entrer sir Edward avec une nouvelle consolante ou fatale. Octavie, en s'interrogeant, ne trouvait en elle que trouble, ténèbres et contradiction; quelquefois même elle entrevoyait une pensée horrible dont elle s'indignait comme d'un crime, et qui la révoltait contre elle-même. Au fond de la douleur que ressentait Octavie, en songeant à la mort violente de ce jeune comte Elona, proscrit et malheureux en tout pays, elle découvrait une honteuse et coupable consolation qu'elle s'obstinait à chasser bien loin et qui revenait toujours. Cette pensée se résumait en ces mots : l'amour d'Elona et d'Amalia, qui a causé tant de tourments à ma fierté de femme, et peut-être aussi à une naissante affection, cet amour qui tenait comme suspendu sur ma tête un mariage désolant pour moi, cet amour est brisé par la mort ! — Un instant, un seul instant, Octavie avait cru se délivrer de son passé ; elle avait été séduite d'admiration et de reconnaissance devant la grâce et le courage de sir Edward ; elle avait entrevu dans l'avenir une existence renouvelée et des jours pleins de tendresse et de charme, des jours à jamais liés au souvenir d'une sublime et chaste nuit ; mais ce beau rêve s'était évanoui comme le mirage du désert ; ce splendide palais de cristal, bâti dans un instant, devait être renversé dans un instant ! Une catastrophe mystérieuse avait rendu au comte Elona cet intérêt ardent et généreux que la noble femme se hâta de prodiguer au jeune proscrit à ses premiers pas sur la terre d'Orient ; et maintenant, après la mort d'Elona, elle entrait dans une phase inconnue ; séparée pour toujours de sir Edward, dont l'amour opérait une diversion puissante et favorable, elle se débattait honteusement contre la pensée criminelle de trouver une sorte de consolation dans un dénoûment fatal.

La lueur d'espérance qu'Edward avait laissée à Octavie, la veille, en partant, s'effaçait d'heure en heure, à mesure que la matinée courait vers midi. L'impatience doublait le temps écoulé. Sir Edward était déjà criminel décidément puis qu'il n'apportait pas la justification promise. Oh! disait Octavie, ma bonté aveugle me fait dupe une seconde fois de cet homme. Il a tous les masques à la disposition de son visage, toutes les gammes à la disposition de sa voix. Il a craint un scandale, hier soir, et il a profité d'un éclair d'attendrissement sur mon visage, pour m'échapper... Je ne le reverrai plus; mais la justice humaine le reverra!

Avant toutes choses, cependant, Octavie avait à cœur de purifier son âme de la coupable pensée, toujours renaissante, comme un remords, et après avoir échangé avec Amalia une foule de ces monosyllabes, brefs et aigus comme des soupirs, et qui sont l'entretien des douleurs extrêmes, elle dit à Amalia, avec l'accent et l'intention de l'humble pénitente qui s'agenouille pour demander au prêtre son pardon, et se mettre en repos avec sa conscience : —Ma chère Amalia, j'ai été bien injuste envers toi... oui, tu ne sais pas combien j'ai été injuste!... Ne mets pas ta main sur ma bouche, mon ange...

laisse-moi parler... Amalia, tu le vois... les heures s'écoulent... l'autre ne vient pas... il ne viendra pas!... On nous trompe si facilement, nous!... Écoute, Amalia, il faut de pareils moments pour découvrir ce qu'il y a de bon et de pur au fond de nos âmes. Comme tout sentiment d'injustice et de vanité s'efface devant une mort!... Tu ne me comprends pas bien, mon amie, n'est-ce pas?... Que veux-tu? ma tête brûle... les mots s'arrêtent sur mes lèvres... Amalia, tu l'aimais donc bien ce noble et jeune?.. Oui, tu l'aimais bien... tu te serais poignardée avant d'être l'épouse d'un autre... Je devine ton geste et tes pleurs... S'il vivait encore, Amalia!... si tu le revoyais encore ici, avec cette fierté charmante et sombre qui le distinguait entre tous les jeunes gens...

— Il est mort! il est mort! Octavie... Nous sommes au milieu du jour... rien!... J'ai reconnu son noble sang sur les habits de sir Edward... Il est mort!

— Laisse-moi finir ce que je voulais te dire, chère Amalia...

— Voilà M. Tower qui revient de l'auberge, où nous l'avons envoyé... Impossible de rien deviner sur la figure de cet homme.

— Mesdames, dit M. Tower en saluant à dix pas, je viens de l'hôtellerie pour la troisième fois. M. le comte Elona n'est pas rentré.

— C'est bien, dit la comtesse avec un geste qui tenait M. Tower à l'écart, c'est bien, nous voulons être seules encore quelques instants.

— Il n'est pas rentré, dit Amalia... Est-ce clair, maintenant?... lui qui m'envoyait tous les soirs et tous les matins les plus belles fleurs du Bengale!...

— Dieu est grand ! ma chère Amalia, dit Octavie en jetant ses bras autour du cou de la jeune demoiselle. Écoute, mon ange, j'ai besoin de te dire ceci avec le cœur : les lèvres mentent quelquefois, le cœur est sincère... Si Dieu nous rendait le comte Elona, je le regarderais comme mon frère d'adoption, et j'irais dire au colonel

Douglas : oubliez tout ce que je vous ai écrit ; Amalia ne sera jamais votre femme ; elle est fiancée à un autre. Colonel, vous êtes rendu à votre liberté, Amalia est rendue à la sienne. Toutes les exigences de l'honneur et du monde seront satisfaites. J'écrirai moi-même au ministre et à quelques amis de Smyrne qu'Amalia et le comte Elona sont mariés, ce qui arrange tout et met un terme à tout...

— Octavie, dit Amalia d'une voix lente et triste, tout cela n'est plus qu'un beau rêve... Ce n'est pas même une consolation. A quoi bon supposer l'impossible ? Il me semble que la réalité suffit pour m'accabler.

— Amalia, dit Octavie, je me trouve un peu soulagée après t'avoir dit cela ; aussi je regrette moins de te l'avoir dit.

— Et point de nouvelles ! point de nouvelles !... personne ! Octavie... C'est désespérant !... Oh ! il m'est affreux et intolérable de vivre dans cette incertitude !... Si je reste un jour de plus dans ce village, je meurs !

Amalia fit signe à M. Tower d'approcher.

— Monsieur Tower, dit-elle, avez-vous jeté un coup d'œil, à l'auberge, sur le tableau des navires en partance?

— Oui, mademoiselle, selon vos ordres.

— A qui des deux tenez-vous à plaire, monsieur Tower, au ministre ou à moi?

— Cette demande, mademoiselle, dit M. Tower avec de grandes inflexions de torse, cette demande m'honore beaucoup...

— Je ne vous demande pas si elle vous honore. Répondez-moi par un seul mot.

— Le ministre est fort loin d'ici, et probablement il nous a oubliés. J'ai plein pouvoir de...

— On vous demande un seul mot monsieur, Tower, dit Amalia en étendant et agitant les mains vers lui.

— Je veux plaire à vous mademoiselle Amalia.

— Très bien, quoique trop long... Y a-t-il

un navire sous charge pour France, à la minute ?

— Dans les ports du Malabar, on attend les moussons.

— Au diable les moussons !

— Au Coromandel, on annonce le départ du trois-mâts le *Dragonnier* pour Bordeaux.

— Oui, mais il faut traverser la moitié de la presqu'île en palanquin, pour aller à ?...

— A Tranquebar, mademoiselle.

— Eh bien ! s'il le faut, nous irons nous embarquer à Tranquebar. Il paraît qu'à Tranquebar, on n'attend pas les moussons. Octavie, tu ne me quittes point, j'espère, n'est-ce pas ?

— Mon Dieu ! que ferais-je ici, mon ange ? Ensemble nous sommes venues, ensemble nous repartirons... Mais il me semble, Amalia, que ce départ est encore subordonné...

— Sans doute, Octavie, il faut que je boive la coupe jusqu'à l'amertume. Que me coûte-t-il à présent de faire mon devoir ? Je le ferai. Nous verrons les dispositions du colonel Douglas...

Si le colonel méprise mon deuil, ou m'accorde le sursis que l'on accorde aux condamnés, je me résigne, je me sacrifie, je reste. Je ne veux pas que le monde exploite contre moi la mort d'Elona, et invente encore quelque monstrueuse histoire pour achever mon déshonneur. Si le colonel est généreux, comme je l'espère, ou insouciant, comme il en a l'air, tout est fini pour moi au Bengale ; demain nous montons en palanquin, et nous partons pour France ou tout autre pays : il me serait impossible de vivre un jour de plus dans cette maison… Octavie ! Octavie ! ajouta la jeune demoiselle en secouant mélancoliquement la tête, — tu le vois… personne ne vient… on dirait que tout est mort autour de nous !

Elle se leva comme violemment excitée par une idée soudaine qu'elle allait mettre à exécution.

— Monsieur Tower, dit-elle, nous ne sommes qu'au milieu du jour, et vous pouvez être de retour encore ce soir bien avant le coucher du soleil... Vous avez plein pouvoir ici... vous n'avez qu'à demander des guides ou des escortes pour être obéi. Il faut partir sur-le-champ et voir le colonel Douglas à Nerbudda.

— Vous l'exigez, mademoiselle ? — dit Tower d'un air humble.

— Belle question ! — dit Amalia en haussant les épaules — certainement je l'exige.

— J'irai voir le colonel Douglas... Après ?

— Vous lui parlerez en particulier, et vous lui demanderez une explication nette et catégorique sur cette affaire qu'on appelle un mariage. Vous connaissez mes intentions, monsieur Tower, eh bien ! il est juste que mon tuteur connaisse les intentions du colonel Douglas.

— C'est on ne peut plus juste, mademoiselle...

— Ne cachez rien au colonel, monsieur Tower. Je vous donne carte blanche pour les indiscrétions. Laissez dire à votre bouche tout ce qu'elle voudra. Peu m'importe !... il doit connaître la mort du comte Elona ; il tirera de votre démarche les conséquences... L'essentiel est de connaître les dispositions du colonel. Vous agissez pour votre propre compte, entendez-vous, monsieur Tower ; vous faites une visite de tuteur.

— Mademoiselle, dit Tower, vous allez être obéie à l'instant... Ne vous affligez pas ainsi comme vous faites... les consolations ne vous manqueront pas... Et j'espère que mes soins, mon zèle, ma...

— Monsieur Tower, songez que je suis sur des charbons ardents, et que j'attends votre retour.

M. Tower s'inclina respectueusement, et sortit du jardin pour exécuter les ordres de sa pupille, qui était sa tutrice depuis l'arrivée à Roudjah.

Nous laisserons nos deux héroïnes, dans leur isolément, et leurs angoisses muettes, pour suivre M. Tower sur la route de Nerbudda.

M. Tower qui rapportait tout à lui-même, selon l'usage de son amour-propre, s'acquittait avec plaisir de cette mission. Ce désespoir, témoigné par deux femmes à la nouvelle vraie ou fausse de la mort d'Elona, était tout simplement causé par un vif intérêt amical. Le lendemain, ce désespoir aurait fait son cours, se disait M. Tower. Quant au colonel Douglas, M. Tower ne doutait pas de sa répugnance invincible pour ce mariage. Il se proposait donc d'obliger mollement Douglas à le terminer, afin de lui laisser une porte ouverte pour s'échapper du pied de l'autel. Ensuite se déroulait un long voyage sur mer, un tête-à-tête de trois mille lieues, où les choses devaient nécessairement prendre une tournure favorable à M. Tower, dont l'ascendant était irrésistible sur une jeune femme accablée des ennuis d'une longue navigation. Le dénoûment de ces aventures était facile à prévoir. On débarquerait dans un port de France, hors des atteintes et des rancunes du *Foreing-Office*, et il y aurait un mariage d'amour coté à douze mille livres de dot, au bénéfice de M. Tower.

Les tuteurs de la chancellerie expédiés aux Indes ont inventé cette nouvelle branche de commerce, et ils l'exploitent ordinairement avec plus ou moins de succès. On nolise une pupille comme un *trois-mâts*. Le ministre de White-Hall a bien autre chose dans la tête que les pupilles et les tuteurs.

M. Tower avait pris trois cavaliers cipayes, trois de ceux qui lui faisaient escorte à son arrivée à Roudjah, et il s'avançait rapidement vers l'habitation pour terminer son affaire avec promptitude et regagner bientôt le village avant les dangers de la nuit, car la campagne qui s'étendait à sa droite et à sa gauche était effrayante à voir, même en plein soleil.

Le nabab Sourah-Berdar entendit un galop de chevaux dans son avenue, et il quitta sa natte pour aller au-devant de ceux qu'il attendait avec une vive impatience. En voyant des inconnus descendre sur sa terrasse, il témoigna par un geste de mauvaise humeur que cette visite ne lui était pas agréable.

Tower, qui ne regardait jamais que lui, ne remarqua pas cette pantomime ; il s'avança vers le nabab avec la démarche pompeuse d'un ambassadeur, et fit, d'un ton imposant, cette demande : je voudrais avoir l'honneur de parler au colonel Douglas.

— Le colonel est absent ; il est en chasse depuis ce matin, répondit le nabab, à moitié endormi sur l'ambre de son houka.

— Absent ! dit Tower, en caressant, de sa main, sa bouche et son menton. Ceci ne fait pas mon affaire. Reviendra-t-il bientôt de la chasse ?

— Je ne saurais vous le dire, monsieur.

— Sahib nabab, dit Tower avec une dignité parodiée, je suis M. Tower, agent de la Grande-Bretagne ; j'ai un caractère officiel pour parler à M. le colonel Douglas.

— Je le crois, monsieur Tower, mais le colonel est absent. Si vous voulez l'attendre, entrez dans l'habitation et demandez tout ce qui vous sera nécessaire.

La mauvaise humeur du nabab ne pouvait lui faire oublier les devoirs de l'hospitalité.

— Il m'est impossible d'attendre, sahib nabab ; je n'avais que cinq minutes d'entretien à demander au colonel Douglas. Il faut que je rentre à Roudjah de très bonne heure. La nuit n'est pas amusante dans ce désert.

— Vous la passerez ici, monsieur Tower...

— Oh ! impossible ! ma présence est indispensable à Roudjah, ce soir... J'ai des vaisseaux à fréter... j'ai des dames à voir... le soleil commence à descendre, et lorsqu'il descend, il est vite là-bas. Je reviendrai demain... ce n'est pas ma faute si le colonel est absent... Nous allons remonter à cheval... Demain j'aurai tout une bonne journée à moi. Je n'aurai pas de crainte pour la nuit. Le ministre m'a recommandé d'être très prudent au Bengale après le coucher du soleil. Je suis votre bien dévoué, sahib nabab.

— Vous ne voulez donc pas vous reposer un instant ?

— Sahib nabab, si le colonel devait arriver bientôt, j'attendrais; mais dans le doute, j'aime mieux renvoyer l'entretien à demain.

A ces derniers mots, M. Tower était remonté à cheval.

— Monsieur Tower, dit le nabab, puisque vous êtes un compatriote, vous devez avoir reçu une invitation du colonel?

— Je n'ai point reçu d'invitation, — dit Tower avec des yeux ébahis.

— Alors vous la recevrez demain, monsieur Tower, et vos dames la recevront aussi.

— Le colonel Douglas donne une fête, sahib nabab?

— Mieux que cela, il se marie dans quelques jours. Vous voyez les domestiques occupés aux préparatifs du bal.

— Ah! il se marie! c'est décidé! — dit Tower, au comble de la stupéfaction.

— C'est décidé depuis longtemps, monsieur Tower; ce sont des affaires particulières qui ont fait retarder un peu ce mariage,..

— Très bien ! — dit Tower du ton sec d'un homme qui veut couper court à l'entretien, parce qu'il sait tout ce qu'il a voulu savoir, et qu'il est pressé de partir, — très bien ! sahib nabab. Dites au colonel que M. Tower est venu le voir : il comprendra le but de ma visite, et il sera content. Vous ajouterez que nous sommes prêts pour ce mariage, et que nous attendons sa visite de futur époux à notre auberge de Roudjah.

C'est un malheur ! ajouta-t-il en lui-même : affaire manquée ! il faut alors s'exécuter de bonne grâce comme je fais. Soyons diplomate en toute chose et partout. Il me reste la comtesse Octavie. Elle est jeune, belle et riche comme un Crésus.

La petite cavalcade reprit aussitôt le chemin de Roudjah.

Chemin faisant, Tower organisa des plans infaillibles. Il résolut de se fixer, après le mariage, dans le voisinage des deux époux, et de concentrer toutes ses ressources de fascination sur les deux femmes. C'était un avenir délicieux qui adoucissait la contrariété présente, et qui déjà excitait en lui une pitié hautaine pour ce malheureux Douglas, assez imprudent pour épouser une jeune femme par violence, et préparer ainsi un triomphe trop facile à un redoutable rival.

En montant l'escalier de l'appartement où les deux femmes l'attendaient, Tower composa sa figure, essaya des tons de voix et arrondit quelques débuts de phrases adroites pour engager l'entretien. La porte s'ouvrit comme d'elle-même; car le retour de Tower était épié à la persienne, et Amalia l'interrogea même sur le seuil.

— Mademoiselle, — dit Tower en joignant ses mains sous le menton, — nous vous appellerons dans quelques jours madame Douglas Stafford. On prépare votre bal de noces à Nerbudda. J'ai vu les domestiques occupés de ce travail. Nous sommes invités, madame la comtesse Octavie et moi.

— C'est bien ! — dit Amalia dans un long soupir ; — c'est ce que j'attendais d'ailleurs... Monsieur Tower, je vous remercie...

— J'ai exécuté vos ordres, Mademoiselle...

— Mon Dieu ! je le sais bien, Ce n'est pas votre faute si je me marie...

— Oh ! vous pouvez bien le croire, Mademoiselle, — dit Tower en levant la main droite et lançant un regard d'une expression stupide, — mais il faut se résigner au destin. J'ai exécuté vos ordres. J'ai dit nous sommes prêts pour ce mariage. Vous recevrez la visite du colonel demain.

— Demain, je pars, moi, — dit Octavie en se levant pour se promener à grands pas, — je ne veux pas revoir le colonel Douglas. Mais, dans tout ceci, que devient cet infâme sir Edward !... Il n'y a donc pas de justice humaine dans ce pays !..,.. Pardon, monsieur Tower, ayez la bonté de nous laisser seules... cela ne doit pas vous amuser beaucoup... Comment ! le comte Elona disparaît. Nous accusons sir Edward. Il ne peut se justifier ; il ne peut expliquer le sang qui le souille, le désordre qui bouleverse sa figure et ses vêtements... Caïn ne peut pas nous dire où est Abel, et pour un tel homme, pour un tel crime, il y aura une révoltante impunité !

— Octavie, Octavie, — dit Amalia en se suspendant au bras de la jeune femme, — tu ne m'abandonneras pas ; non. J'ai besoin de toi, Octavie. Il me faut au moins une amie, comme toi, pour me plaindre, pour me consoler, pour me soutenir...

— Y songes-tu bien, Amalia ! je rentrerais à Nerbudda, moi ! Oh ! impossible ! J'en suis sortie pour toujours. Je sais tout ce que m'a coûté d'amertume le moment de repos que j'ai pris dans cette habitation.

— Tu veux donc m'ôter tout espoir, Octavie ? Tu veux que je meure victime de mon devoir et de ta fausse amitié.

Amalia s'assit lourdement et pleura.

— Le jour va finir, — dit Octavie d'une voix

sombre, — et le misérable ne s'est pas montré !... Oh ! que je fus bien inspirée lorsqu'un soir je lui dis, à Smyrne, *vous aurez ma haine, ma haine implacable jusqu'à ma mort !* L'amour d'une femme peut s'éteindre ; sa haine, jamais.

En ce moment l'escalier de la maison trembla sous l'élan d'une ascension furieuse, et trois coups légers furent frappés à la porte de la salle, comme si le respect eût soudainement retenu dans sa brûlante excitation celui qui demandait à être introduit.

Les deux jeunes femmes échangèrent un regard ; et malgré leur désespoir, elles jetèrent aussi un rapide coup-d'œil sur le désordre de leur toilette, avec un mouvement naturel d'habitude qui pouvait très bien s'accommoder avec leur extrême douleur.

— Entrez, — dit Octavie d'une voix épuisée qui semblait exhaler son dernier mot.

La porte s'ouvrit, et le comte Elona parut dans la salle.

Deux cris éclatèrent dans la poitrine des deux femmes et moururent sur leurs lèvres. Tout ce qui rayonne de vie ou se voile de mort sur des figures pleines de charme et de grâce illumina et assombrit à la fois le visage d'Amalia et de sa noble amie ; leurs yeux exprimèrent mille pensées en un instant.

Le comte Elona était arrivé le matin de ce jour et bien avant le lever du soleil au cottage où Nizam avait établi son mystérieux atelier. Les portes de Roudjah étant, à cette heure, encore fermées, Elona, épuisé d'émotions et de fatigues, avait dépassé la limite ordinaire de son sommeil de soldat. Le soleil touchait le zénith lorsqu'il se réveilla sur sa natte de campagne. Nizam, l'infatigable serviteur, ne s'était arrêté qu'une heure pour donner ses derniers ordres à ses travailleurs et ses instructions à Elona ; mystère qui s'éclaircira bientôt. En arrivant à l'auberge des *Douces-Heures,* Elona fut fort surpris de ne trouver ni M. Tower, ni Amalia, ni les gens de service. Personne ne put lui indiquer ce qu'ils étaient devenus. Il répara le désordre de sa toilette avec un soin minutieux, de peur d'éveiller le moindre soupçon et il attendit. M. Tower, en sortant de l'appartement de nos deux héroïnes, comme on vient de le voir, se promenait au hasard dans le village, et s'étant rencontré avec Elona, il y eut une explication courte et vive qui devait amener l'incident dont nous allons parler.

— Mesdames, dit le jeune comte avec un sourire triste, je viens vous remercier de l'intérêt que vous avez bien voulu témoigner à un pauvre proscrit. Je bénis le motif de mon absence, puisqu'il m'a donné l'occasion de connaître mes véritables ennemis.

— Comte Elona, dit Octavie en faisant un suprême effort pour trouver des idées et des mots, cet intérêt est fort naturel... Nous sommes ici tous si éloignés de notre pays... que nous nous regardons comme des compatriotes, comme des frères, comme des sœurs... Une absence inexplicable, mystérieuse, accompagnée de circonstances au moins singulières, peut justement alarmer une famille, car nous formons une famille dans ce désert.

— C'est bien lui ! dit Amalia, qui semblait revivre après un coup de foudre ; mais comme il est pâle !... n'est-ce pas Octavie ?

— Le comte Elona, dit Octavie en essayant un sourire avorté sur les lèvres, doit nous trouver aussi bien changées...

— Mais non, Madame, dit Elona en s'asseyant avec le calme d'un homme qui n'a aucune préoccupation, et se dispose à passer la soirée en famille.

— Nous avons eu pourtant une bien cruelle nuit, dit Amalia ; ah ! vous êtes bien coupable, Monsieur le comte ! ajouta-t-elle avec une douceur qui corrigeait l'accusation.

— Coupable ! dit Elona en riant sérieusement ; mais il y a des moments où l'on ne sait pas refuser... Vous connaissez le caractère entraînant de sir Edward... Il m'a pris à l'improviste... il m'a forcé de l'accompagner à la chasse...

— Comte Elona, dit Octavie, dont la tête en ce moment entretenait une foule de pensées contradictoires, nous avons supposé que sir Edward vous avait enlevé... Vous ne vous méfiez pas de sir Edward, vous, candide jeune homme?

— Moi, Madame, me méfier de sir Edward!.. Les yeux fermés, je le suivrais au bout du monde.

— Le premier pas, Monsieur le comte, vous ouvririez les yeux.

— Comtesse Octavie, dit Elona d'un ton de chaude amitié, je ne connais pas un cœur plus noble que le cœur de sir Edward.

Dans les vives organisations, le moindre incident peut soudainement bouleverser toutes les idées. Octavie qui, depuis l'entrée du comte, s'efforçait en vain d'imposer silence à tant de sensations diverses, pour reprendre son sang-froid habituel, se trouva tout à coup à son aise en écoutant les derniers mots d'Elona. Une maligne expression ranima ses beaux yeux.

— Certes, dit-elle, je ne m'attendais pas à voir le comte Elona défendre sir Edward avec cette chaleur. Je conçois cela... ces deux messieurs ont chassé ensemble... la nuit dernière... Une chasse de nuit, ce doit être fort curieux...

— Madame, dit Elona, trop novice dans l'art de dissimuler un embarras, Madame... on part la veille au soir pour chasser le lendemain au jour.

— Moi, je trouve cette explication fort naturelle, dit Amalia qui s'effrayait du changement subit opéré dans le maintien et le ton de la comtesse Octavie.

— Fort naturelle, — dit Octavie en aiguisant chaque syllabe comme un stylet, — fort naturelle... Je ne dis pas autre chose.

— Mais il me semble... — murmura Elona pour dire quelque chose, et sans intention d'aller plus loin.

— Oui, cela vous semble ainsi, comte Elona,

— dit Octavie,—vous êtes parti hier au soir un peu clandestinement, je crois; vous avez passé la nuit à Nerbudda, et ce matin vous avez chassé.

— Madame, je ne vois là rien de surprenant, — dit Elona.

— Eh! dites-moi, Monsieur le comte, comment vous est venue subitement cette passion pour la chasse? A Smyrne, où l'on ne craint pas de devenir gibier soi-même, vous avez toujours professé le plus grand dédain pour la chasse et pour les chasseurs ; ici, au Bengale, où les tigres chassent aux hommes, vous partez un beau soir, pour trancher du Robin des Bois: un seul mot de sir Edward fait éclater en vous cette passion après le coucher du soleil... Vous riez, comte Elona!... moi je ris aussi... voyez! Après une mauvaise nuit, il faut bien nous égayer par quelques plaisanteries... Ici, toutes les fois que nos messieurs sont obligés de discuter un alibi, ils disent : Nous étions en chasse. Cela répond à tout... Hier sir Edward m'a payé de cette raison, et je n'ai pas accepté cette raison, croyez-le bien !...

— Octavie, — dit Amalia au comble de l'étonnement, — Octavie, je ne te comprends pas... Vraiment, on dirait que tu es fâchée de revoir M. le comte Elona vivant, après avoir partagé ma douleur cette nuit...

— Amalia, je me comprends, moi... je me comprends... et le comte Elona, en lui-même, me rend plus de justice que toi...

— Madame la comtesse, dit Elona, je vous jure que je ne devine pas le sens de vos dernières paroles...

Sa phrase fut coupée par un regard d'Octavie. Le jeune comte baissa la tête, et dans une réflexion instantanée, il admit qu'Octavie était instruite des horribles scènes de la nuit dernière, et il résolut de borner là cet entretien, de peur de provoquer une dangereuse indiscrétion.

Il y eut un long silence. Octavie se promenait à grands pas, en secouant la tête, appuyant par intervalles fortement ses pieds sur le plancher. Amalia regardait son amie avec des yeux qui, à force de tout exprimer, n'exprimaient qu'une vague et douloureuse inquiétude.

Elona, qui avait des soucis sérieux, et qui, ayant promis de se rendre à un rendez-vous inévitable, voyait avec effroi la nuit s'avancer, fit quelques pas vers la porte, puis se retourna vers les fenêtres, comme s'il eût voulu préparer les deux femmes à son départ obligé. Octavie devina cette intention.

— Monsieur le comte, — dit-elle avec une politesse glaciale, — cela n'empêche pas que nous ne soyons très reconnaissantes de votre visite. Dans ce pays, où la nuit est un danger continuel et invisible pour les voyageurs imprudents, nous avons été alarmées de votre absence. Vous nous avez rassurées, voilà l'essentiel. Maintenant si vos affaires ou vos plaisirs vous appellent ailleurs nous ne voulons pas vous retenir. Agissez, Monsieur le comte, en toute liberté.

Elona murmura quelques syllabes qui voulaient commencer des mots et ne les achevaient pas ; et le noble jeune homme ne voyant autour d'une phrase complète que l'écueil du mensonge, salua profondément Amalia ébahie et muette, puis la comtesse, et sortit en frappant son front avec sa main.

— Maintenant, — dit Octavie avec un accent de fureur contenue, — maintenant, je livre mes cheveux à qui voudra les gagner, si je me trompe dans ma prévision... Amalia, ce jeune homme sortira du village au tomber de la nuit.

— Octavie, dit Amalia, vraiment, depuis quelques instants tu es une énigme vivante pour moi ; je voulais parler en faveur...

— Amalia, mon ange, tu es un enfant !... tu n'as rien dit, tu as bien fait... Amalia, tu sors du couvent, et je suis une femme, moi, entends-tu ?... Cela ne t'a point frappé, toi, de voir Elona défendre avec chaleur sir Edward ?

— Quoi d'extraordinaire, Octavie ? Elona est l'ami de sir Edward.

— Il est son complice ! C'est clair comme le jour indien ; ce serait évident pour tout le monde, excepté pour toi, pauvre petite !... Veux-tu que je m'explique ?

— C'est ce que j'attends, Octavie.

— Amalia, je vais te briser le cœur, je vais brûler la racine de tes cheveux et glacer ton sang... Tu ne recules pas ?... Eh bien ! je te dis que sir Edward a toutes les nuits des rendez-vous infâmes avec les bohémiennes de ce pays, et qu'il a entraîné ton Elona dans cette horrible société.

— Ce n'est pas possible ! ce n'est pas possible ! — s'écria Amalia le visage en feu, — le comte Elona est un noble gentilhomme qui n'est pas venu au Bengale pour se déshonorer !

— Amalia, mon enfant, sir Edward aussi est un noble gentilhomme. Ces messieurs ne croient pas du tout se déshonorer avec des infamies qui ne sont, à leurs yeux, que des gentillesses, que des passe-temps de voyageurs ennuyés. Les hommes sont ainsi faits. Ils traitent l'amour avec une légèreté charmante. Pour eux, les femmes ne sont que des colifichets de luxe et d'amour-propre. Ce n'est pas nous qui avons inventé les sérails, je crois.

— Calme-toi, Octavie, calme-toi, tu perds ta raison...

— Je la retrouve, Amalia!... Tout ce que je te dis, mon ange, c'est pour t'éclairer... Que m'importe à moi ce que fait le comte Elona ou ce que fait sir Edward?... Je ne suis jalouse ni de l'un ni de l'autre.

— Peut-être !

— Peut-être, dis-tu?... Vraiment, Amalia, tu choisis bien ton temps pour faire de la malice. Ecoute... où penses-tu que le comte Elona passera la nuit?

— A l'auberge de Roudjah; oh! j'en suis bien sûre, moi!

— Novice ! veux-tu donc que j'arrache violemment le bandeau qui couvre tes yeux?

— Oui.

— Très bien, Amalia ! tu seras contente... Et que penses-tu de sir Edward qui devait venir aujourd'hui sous peine d'être déshonoré à mes yeux ?

— Cela ne me regarde point, je n'ai rien à démêler avec sir Edward.

— Amalia, mon ange, mon enfant, ma sœur ! — dit la comtesse avec un accent de sensibilité émouvante, — ce que nous faisons à présent est horrible. Ce matin nous avons pleuré ensemble ; nous avons fait de nos douleurs un seul désespoir, et maintenant une aigreur honteuse se mêle à nos paroles. Embrasse-moi, Amalia ; nous sommes malheureuses toutes deux !... Il y a là, dans mon front, une idée qui me tue !... C'est à rendre une femme folle... Lorsqu'on a le malheur d'être femme, on est exposée à voir les préférences d'un homme tomber à côté de vous sur une autre femme ; une femme habillée en femme et qui parle avec une voix douce et une langue chrétienne...

Ici, on vous donne pour rivale quelque monstre, avec des verroteries de sauvage au col, des griffes jaunes au bout des mains et des rugissements dans la voix !... Amalia, voici la nuit, M. Tower est là tout près, sans doute. Nous allons l'appeler, il ira demander à l'auberge des nouvelles du comte Elona.

— Oh ! je suis bien tranquille, Octavie. Fais cette expérience pour ton compte, je n'en ai pas besoin, moi.

Octavie se tut, et quelques instants après, M. Tower était parti pour remplir cette commission avec toute la promptitude possible.

Quand M. Tower rentra dans la maison du capitaine Moss, les étoiles luisaient, il était fort tard.

M. Tower resta sur le seuil de la porte dans l'attitude d'un homme qui s'apprête à sortir après avoir fait tout ce qui est attendu de lui.

— Madame la comtesse, dit-il, le comte Elona Brodzenski a quitté l'auberge au coucher du soleil. Le *land-lord* lui a demandé s'il passerait la nuit à *Sweel-Hours-inn;* je ne crois pas, a-t-il répondu ; et il a ajouté : « Voici une lettre que je viens de recevoir de Nerbudda, je la mets dans une enveloppe adressée à M. Tower. Remettez ce pli à M. Tower dès qu'il rentrera. » La lettre incluse est à votre adresse, madame, la voici.

— C'est bon ! — dit Octavie en donnant un léger signe de remerciement et de congé à M. Tower, — je reconnnais l'écriture... Oui, c'est un billet de sir Edward... Eh bien, Amalia, que dis-tu du jeune comte ? — ajouta-t-elle avec un sourire accablant. — Me suis-je trompée ? réponds.

— Voyons le billet de sir Edward, dit Amalia d'une voix tremblante : le billet expliquera peut-être...

— Le billet n'expliquera rien, Amalia, tu vas voir.

Sir Edward à la comtesse Octavie.

« Madame, dans ce monde, on est toujours à

la veille de mourir, la preuve c'est qu'on meurt toujours un lendemain.

« Il n'est pas impossible que je meure avant le lever du soleil.

— Mais puisque nous sommes tous mortels à la minute, je ne voudrais pas mourir déshonoré. Le comte Elona vous remettra cette lettre, et vous me rendrez votre estime en échange; j'y compte, madame, comme sur la justice de Dieu... Personne n'a tué le comte Elona.

« Heureux sont ceux que vous honorez de vos larmes quand ils meurent un jour, et qui ressuscitent le lendemain pour recevoir vos sourires.

« Je ne suis pas au nombre de ces heureux, du moins pour les sourires; je compte sur les larmes à tout évènement.

« Vous voyez, madame, que mon étoile nuptiale continue d'avoir raison.

« Votre bien dévoué jusqu'à demain.

« EDWARD. »

—*Jusqu'à demain!* murmura Octavie ; *jusqu'à demain!...* Voilà un étrange billet... n'est-ce pas, Amalia ?

— Oh! je n'ai rien entendu! dit Amalia d'un ton d'inquiétude déchirante, absolument rien... A chacun sa part de douleur... Quelle horrible nuit commence encore pour nous!

— Amalia, veux-tu que je relise ce billet?

— Octavie, l'amitié est souvent bien imprudente... Si j'avais un bandeau sur les yeux pourquoi me l'arracher ?... Quel odieux luxe de complaisance !

— C'est toi, Amalia, qui as poussé ma main sur ton bandeau!... Ce billet me donne des frissons, je ne sais pourquoi...

— Mon Dieu! Octavie, comme tu changes de raisonnement ou de folie à chaque heure!... Te voilà maintenant réconciliée avec sir Edward pour un billet vulgaire d'amoureux menteur... Vante-moi ton expérience, à présent, Octavie! Sir Edward fait le semblant de t'aimer, et il te menace de se tuer, si tu ne l'aimes pas ! Voilà le sens de son billet, je crois...

— Et tu ne l'as pas écouté, ce billet ?

— Tous ces billets se ressemblent ! A Smyrne, on m'en a montré cent dans le monde... *Aimez-moi ou je me tue !* disent-ils tous ; on ne les aime pas, et ils vivent cent ans.

— Oui, Amalia... Mais sir Edward !...

— Sa bohémienne le consolera.

— Mon Dieu ! — s'écria la comtesse, — supprimez la nuit, et donnez-nous notre lendemain !

Les deux femmes s'abimèrent dans leurs reflexions, et au milieu de la nuit elles s'endormirent de ce sommeil agité qui arrive quand l'âme et le corps sont épuisés par les émotions.

LE VALLON DES TAUGS.

IX

Le comte Elona était sorti du village après le coucher du soleil, et en arrivant au cottage de Nizam ; il trouva deux cents Cipayes, armés à la légère, qui attendaient les instructions dont il était chargé par le colonel Douglas.

C'était dans ce cottage que le jeune comte avait trouvé un abri, après les fatigues de la nuit dernière. Nizam ne s'y arrêta qu'une heure ; ensuite il reprit la route de la montagne pour continuer son service volontaire. Ce luxe de dévoûment faillit lui être fatal. Comme il rampait sur la cîme de la crète qui domine à pic le temple de Doumar-Leyna, il fut arrêté par les soldats embusqués du lieutenant Stephenson, dont pas un seul n'était connu de lui. Il essaya de parler pour se tirer d'affaire, mais on lui ferma violemment la bouche, et on le menaça de l'étrangler s'il prononçait un seul mot.

Les soldats incrustés dans les crevasses de la montagne se communiquèrent l'un à l'autre, par signes expressifs, la nouvelle de la capture d'un Taug, afin qu'elle fut transmise au lieutenant Stephenson. Celui-ci donna ordre de garder le prisonnier, de ne lui faire aucun mal. Nizam, qui avait le génie des gestes, essaya une nouvelle explication en pantomime. On le menaça de lui lier les bras, s'il continuait.

A l'approche du jour, le lieutenant Stephenson fit embusquer sa petite troupe, dans un angle sombre et boisé de la montagne, et il donna ordre d'amener le prétendu prisonnier taug.

Nizam n'attendit pas d'être interrogé pour parler.

— Lieutenant Stephenson, — dit-il avec un accent de vérité inouï, — je suis Tauly, mon surnom est Nizam : je suis le plus dévoué serviteur du colonel Douglas, le chef de ce cantonnement. Laissez-moi libre. Si le jour qui va commencer est un jour perdu, il ne sera pas facile de le réparer ; et il sera perdu si je ne parle pas au colonel... Vous vous méfiez encore de moi, lieutenant Stephenson ? Eh bien ! donnez-moi de quoi écrire au colonel Douglas, et j'attendrai sa réponse ici. Quand j'aurai fini ma lettre, vous la lirez avant de l'envoyer et vous verrez, après l'avoir lue, que je suis votre ami, et votre allié fidèle.

Stephenson était un jeune et novice officier, qui avait le mérite, fort estimé en une pareille guerre, de n'agir qu'avec une extrême circonspection. Il réfléchit quelque temps, et sur de nouvelles instances, empreintes de sincérité, il consentit à ce que demandait Nizam.

Il est inutile de rapporter ici la lettre fort développée que Nizam écrivit au colonel Douglas. Elle révélait beaucoup de choses que nous savons déjà, entr'autres, les tragiques scènes du temple souterrain, et elle esquissait un plan d'attaque, dont l'intelligence du colonel devait tirer un parti victorieux, en le complétant. Nous pourrions nous dispenser d'ajouter qu'au retour du messager, la liberté avait été rendue au brave serviteur de sir Edward.

Pendant cette journée, le colonel Douglas et sir Edward, instruits par la lettre de Nizam, visitèrent tous les postes de Cipayes, éparpillés dans les massifs ténébreux des deux forêts voisines de l'habitation. C'est ce qui explique leur absence, lorsque M. Tower arriva chez le nabab, qu'il trouva seul, devant Nerbudda. Quoique Nizam eût prévu dans sa lettre que les Taugs n'attaqueraient point la maison du nabab, la nuit suivante, cependant, par luxe de précaution, le colonel laissa deux cents hommes d'élite, commandés par le capitaine Moss, pour garder de très près l'habitation de miss Arinda. Sir Edward, d'après l'avis de Douglas, envoya un messager à Roudjah, pour donner au comte Elona des instructions relatives au cottage. Dans la soirée de ce jour, nos deux amis firent leur veillée habituelle avec le nabab et sa fille, et la gravité de la circonstance n'altéra nullement la gaîté de leur entretien, comme on peut en juger, par les dernières paroles qui furent échangées, au moment où les domestiques attendaient les flambeaux à la main, miss Arinda et le nabab, dans le vestibule, pour les reconduire dans leurs appartements.

— Oui, messieurs, disait Arinda, j'ai arrêté ma toilette de bal, et j'espère que mon colonel me fera des compliments sur mon goût. Mes femmes m'ont essayé aujourd'hui une robe crêpe de Chine, couleur tendre, dont je suis folle. C'est un amour de robe. Vos dames de Londres la paieraient cinq cents livres chez Evrington, le fournisseur de miss Sidonia. Je serai coiffée, comme la déesse Lachmi, avec deux bandeaux ondoyants sur chaque tempe, et des masses de cheveux, à petite tresses, tombant derrière la tête, mêlées à des fleurs de stanopéas, de l'ivoire le plus pur. Vous connaissez la fleur de stanopéa, sir Edward?

— Si je la connais! miss Arinda; j'ai failli l'inventer — dit Edward, en agaçant deux aras sur leur perchoir — la stanopéa est le plus charmant caprice de la nature indienne. On dirait que la Flore du Bengale a voulu copier en miniature une tête d'éléphant, et la ciseler en ivoire. Les larges oreilles flottantes et les défenses surtout sont exquises d'imitation. Vous voyez, miss Arinda, que je connais la *stanopea oculata,* c'est son nom.

— Il la connaît! dit la jeune Indienne avec surprise. — Mais où prenez-vous votre temps, sir Edward, pour étudier tant de choses?

— J'étudie pendant la nuit, miss Arinda — dit Edward avec une gravité pleine de modestie. — Maintenant, par exemple, je vais vous quitter. Je monte à ma chambre, j'ouvre mes in-folios, mes cartes, mes albums, et je vais étudier jusqu'à deux ou trois heures du matin. Essayez de venir frapper à ma porte, entre deux et trois, vous me trouverez courbé sur mes livres. Demandez au colonel Douglas...

— Oh! il le fait comme il le dit—répondit le colonel.

— Et cela me rappelle, miss Arinda—dit Edward, en effilant avec ses deux doigts l'arc d'ébène de sa moustache, — cela me rappelle que nous avons à traduire, cette nuit, avec le colonel, un *pantoun malais* fort difficile. La société savante de Bombay nous le demande, et le télinga part demain... Vous devez connaître ce *pantoun*, miss Arinda! C'est celui qui commence ainsi : *Alors, l'illustre monarque dit à sa gracieuse épouse* *.

— Oui, je le connais, sir Edward. Le roi va à la chasse, et sa femme lui dit : *Amène-moi un jeune faon* **.

* *Lalou berkata radja bangsaouan.*
** *Baoukann soya...*

— C'est fort difficile à traduire en anglais, dit le colonel Douglas.

— Horriblement difficile! dit Edward, avec un flegme et un sérieux admirables, — à cause de la pauvreté occidentale de notre langue.

— Nous allons vous laisser à votre travail, messieurs, dit Arinda... A propos, mon cher colonel — ajouta-t-elle en se frappant le front — j'oubliais le plus essentiel. Ne manquez pas demain d'envoyer une invitation à un compatriote... Vous savez, celui dont mon père vous a parlé...

— M. Tower? dit tranquillement Edward?

— Précisément, poursuivit Arinda; n'oubliez pas de lui adresser une invitation, à lui, et à ses deux dames... M. Walles a vu ces deux dames: on dit qu'elles sont assez bien, mais un peu trop blanches. Deux dames de plus pour notre bal! C'est fort important!

— Nous inviterons les deux dames et M. Tower, dit le colonel.

— Vous êtes charmant, mon Douglas. Serrons-nous les mains, et bonne nuit!

— Elle sera bonne, chère Arinda, je vous en réponds.

Après la séparation, Edward et Douglas gagnèrent la campagne par le chemin ordinaire, et cette fois avec une ardeur qui annonçait une violente détermination. Tout en courant l'un à côté de l'autre, ils échangeaient quelques paroles.

— Edward, nous frapperons un coup décisif.

— Octavie aime le comte Elona, mon cher Douglas...

— Vous me l'avez déjà répété vingt fois, cher Edward.

— Si vous aviez vu comme moi son désespoir!... ses larmes!...

— Soyez homme, Edward, soyez fort.

— Cette nuit n'a pas de lendemain pour moi, cher Douglas.

— Cette nuit, Edward, il faut faire son devoir.

— Douglas, je le ferai trop ; vous verrez.

— Tout sera-t-il prêt au cottage de Nizam ?

— Oui, je vous l'ai déjà répété vingt fois, Douglas. Elona est averti.

— Elona doit-il nous joindre ensuite à Doumar-Leyna ?

— Oui, Douglas, et j'espère bien que nous y périrons tous deux.

— Qu'avez-vous donc fait de votre générosité, mon cher Edward ? Vous désirez la mort d'un homme !

— Et la mienne aussi, Douglas, je le traite comme je me traite moi-même...

— Et si vous le voyiez en péril de mort, vous lui porteriez encore votre secours, Edward.

— C'est vrai, Douglas.

— Edward, vous êtes fou.

— C'est encore plus vrai.

— Vous êtes injuste...

— Douglas, lorsqu'on est amoureux, on est tout, excepté homme.

— Songeons à l'heure présente, Edward! les Taugs de mon district nous sont livrés. Je prodigue mon sang et ma vie.; je frappe un coup de tonnerre; et si je sors vivant de cet enfer, j'envoie ma démission au ministre et j'épouse Arinda. J'aurai satisfait ainsi à trois choses sacrées : à mon cœur, à mon honneur, à mon devoir.

— Quelle étrange vie nous menons, cher Douglas!... Miss Arinda va s'endormir tranquille en faisant des châteaux en Espagne, au Bengale. Pauvre fille! elle peut se réveiller veuve, demain, la veille de ses noces!

— Mon Dieu! que puis-je faire Edward; il faut que je la trompe continuellement jusqu'au jour de la vérité. C'est une terrible obligation : je la subis. Je joue un jeu de hasard. On gagne quand on est heureux.

— Moi, j'ai perdu!

— Edward, vous pensez que deux cents hommes sont suffisants pour défendre, en cas d'attaque, la maison de mon Arinda, cette nuit?

— Il n'y aura pas d'attaque, comme nous l'écrit Nizam. Les Taugs s'imaginaient que leur fakir Souniacy était prisonnier à l'habitation de Nerbudda, et voilà pourquoi ils voulaient faire un effort extravagant de surprise pour délivrer leur fétiche ; aujourd'hui ils ont retrouvé ce fakir, et ils ne songent plus à leur attaque nocturne : c'est évident !

— Je le crois ainsi, Edward : et j'ai besoin de le croire pour être tout entier à mes soldats... Pas un mot de plus. Nous voici aux avant-postes. Le geste va supprimer la parole. Adieu aux femmes jusqu'à demain.

— Jusqu'à toujours peut-être ! dit Edward d'une voix sombre, dont le timbre semblait résonner à l'oreille d'un ami pour la première fois...

Lorsque les soldats qui arrivaient avec le

comte Elona du cottage de Nizam furent réunis à ceux du colonel Douglas, ils formèrent un faible détachement de trois cents hommes environ. Nizam les joignit au pied de la montagne Serieh, et d'après ses infaillibles calculs, le nombre des ennemis assemblés pieusement à cette heure, dans le temple de Doumar-Leyna, devait s'élever à douze cents. En bataille rangée, les Taugs n'auraient pas défendu le terrain un seul instant, mais leur tactique, leur force, leur courage, leur adresse les rendaient redoutables dans les positions et les moments qu'ils savaient se choisir. Agresseurs ou attaqués, ils s'élançaient au cou de leurs ennemis, s'enlaçaient corps à corps avec eux pour neutraliser l'emploi des armes, aussi heureux de tuer que d'être tués ; car la mort ne peut inspirer aucune crainte à de fanatiques sauvages qui sont persuadés qu'après leur vie ils vont entendre des airs mélodieux de *Sitar*, à côté du Dieu-Bleu, dans le jardin de Mandana.

Nizam, qui connaissait les localités, marchait à la tête de la petite colonne, à côté du colonel Douglas. On traversa une forêt profonde qui s'élevait de la plaine, et venait expirer sur la base de la montagne, et l'on se perdit dans un vallon ténébreux qui conduisait à des sites arides et désolés, dont la nuit augmentait encore l'épouvante. Nizam n'hésitait jamais sur le choix du chemin : lorsque, par intervalles, les rochers croisaient leurs pics et leurs abimes, et semblaient jeter leurs barrières insurmontables devant l'audace des pieds humains, Nizam se frayait un chemin à travers un sillon de crevasses, et tous se glissaient, après lui, comme d'énormes reptiles, avec la même souplesse et la même agilité.

Après trois heures de marche brûlante, Nizam s'arrêta sur la crête d'un vallon qui barrait le chemin, comme un lit de fleuve sans eau. La nature avait épuisé ses horreurs dans le paysage que les étoiles éclairaient en ce moment. A droite, un amas prodigieux de roches éboulées, servait comme de piédestal en ruines, à l'immense muraille d'une montagne à pic.

Nizam se plaça devant le colonel, et, dans une pantomime aussi expressive que la parole, il lui parla ainsi : à votre droite, là haut, entre ces roches bouleversées et le pied de la montagne à pic, on trouve l'ouverture du temple de Doumar-Leyna, rempli de Taugs à cette heure. A l'aube, les Taugs descendront de ces hauteurs inaccessibles pour se répandre dans la campagne, et reprendre leurs professions de cultivateurs, de jardiniers, de bergers, de batteurs de riz, ou de mendiants. Mais, ils doivent tous, avant de se séparer, passer par ce vallon, que j'ai nommé le vallon des Taugs. Examinez ce vallon, autant que la nuit peut vous le permettre ; il est formé par deux petites collines qui ne sont que deux longs amas énormes de roches grises suspendues à droite et à gauche sur un défilé profond. Vous allez voir maintenant comment j'ai usé de la permission que vous m'avez donnée auprès du capitaine Moss-Le stratagème travaillé dans l'atelier du cottage nous assure le succès, sans trop de présomption, je crois.

Aussitôt les soldats quittèrent leurs habits et ne gardèrent que leurs armes. La troupe se divisa en deux détachements : l'un descendit dans le vallon et remonta sur la colline opposée, mais sans trop s'écarter du défilé que suivaient toujours les Taugs; l'autre, descendit pour s'établir au même niveau. Les terrains choisis étaient hérissés de quartiers de roches anguleuses, comme si une double avalanche de granit, tombée du sommet des deux collines et brisée dans sa chute en des milliers de fragments, se fût arrêtée à la double lisière de l'étroit chemin. Ensuite, on distribua aux soldats des lambeaux de toile grossière, anguleuse, parfumée d'aromate et peinte à la nuance des roches voisines; c'était le stratagème inventé et préparé, au cottage de Nizam, avec une habileté infinie d'imitation, chose commune chez les Indiens et les Chinois. Lorsque, des deux côtés, les officiers et les soldats eurent pris cet étrange costume de campagne, le colonel Douglas, Edward et Elona, restés debout un instant, se témoignèrent par un échange de regards la satisfaction que leur causait la nouvelle ruse de guerre. Roches vivantes ou mortes, toutes appartenaient à la même espèce géologique. L'œil ne pouvait, sans doute, au lever du jour, distinguer le terrain parasite du terrain naturel.

Avant de prendre sa place, comme les autres, Elona remit à Edward une lettre, largement écrite au crayon, en le priant de la lire, à la première lueur de l'aube. Cette lettre était ainsi conçue :

« Mon cher Edward, me voici en présence d'un ennemi qui n'est pas le mien et qu'il me répugne de combattre, car il m'est impossible de lui garder une rancune de vengeance. Si les Taugs ont voulu m'égorger à Doumar-Leyna, c'est qu'ils me regardaient comme un des vôtres : ils étaient dans leur droit.

« Ces sauvages, en attaquant les Anglais et leurs alliés indiens, défendent leur pays. Ils ne m'ont fait aucun mal, je ne puis, en conscience, faire cause commune avec vous en cette occasion. Cette manière d'envisager votre guerre est sans doute, à vos yeux, injuste ou absurde; il doit pourtant m'être permis de l'exprimer. Mes principes sont invariables, et je ne les sacrifierai pas aujourd'hui, en alléguant l'excuse que nous nous battons avec des barbares, exclus du droit des gens.

« D'un autre côté, vous avez fait un appel à mon dévoûment, mon cher Edward ; je garde bon souvenir des services que vous m'avez rendus ; je vous suis surtout bien reconnaissant du courage incroyable avec lequel vous vous êtes précipité à mon secours l'autre nuit. En ce moment, vous êtes en péril de mort, j'ai donc un devoir à remplir, et je le remplirai. Il faut aussi que je suive le colonel Douglas dans le terrible combat qui va s'engager à l'aurore; en voici la raison morale : je sais que le colonel Douglas est obligé, par des motifs de politique et de haute convenance, d'épouser mademoiselle Amalia. Ainsi, mon devoir est de garder la vie du colonel, parce qu'il est mon rival ; parce qu'il doit détruire à jamais mon bonheur en consommant ce mariage. Je ne veux pas qu'il soit dit que je pouvais sauver la vie du colonel en combattant auprès de lui, et que j'ai mieux aimé, par un odieux calcul de rivalité jalouse, me tenir à l'écart, et spéculer amoureusement sur sa mort.

« Voici donc à quelles conditions je suis engagé dans cette affaire : moi, le comte Elona, je suis l'ami du colonel Douglas et de sir Edward, et de plus, je suis leur obligé. Je traverse avec eux un défilé du Bengale ; mes amis sont attaqués par des étrangleurs de profession, je mets les mains sur mes armes, et je défends mes amis. Si, comme on l'affirme, bon nombre de Taugs, dérogeant à leurs anciens usages, sont armés cette nuit d'armes à feu et de poignards malais, le péril en sera plus grand, et mon devoir d'assistance plus impérieux. En tout état de choses, je ne ferai jamais feu le premier. L'attaque m'est interdite, la défense est dans mon droit. Il est inutile de vous dire : bon courage, à vous, Edward ; seulement j'ai dû vous prévenir que demain vous aurez deux bras de plus attachés à votre corps, ce seront les miens.

« Elona. »

La petite armée des Taugs qui s'était établie dans le district de Nerbudda, et qui obéissait au vieux Sing et au fakir Souniacy était la plus rusée des bandes du Bengale. Le colonel Douglas et Nizam avaient bien compris qu'il fallait démoraliser et décourager les étrangleurs du vieux Sing en se montrant beaucoup plus *taugs* qu'eux-mêmes, c'est-à-dire en les surpassant en tromperies, puisque leur nom signifie *trompeurs*. Pour atteindre ce résultat victorieux, il fallait prendre l'initiative des ruses, et les battre avec leurs propres armes. Jusqu'à ce moment, on leur avait laissé le privilège des attaques nocturnes et des embuscades adroitement combinées ; il fallait donc les étonner en leur apprenant qu'en dépit de leurs mystérieuses retraites, des pièges mortels pouvaient être tendus sous leurs pas, et qu'ils allaient enfin, à leur tour, tomber victimes des embuscades intelligentes de leurs ennemis.

Cette idée avait inspiré la tactique nouvelle que nous allons voir à l'œuvre dans les abîmes de Doumar-Leyna.

Au coucher des dernières étoiles, un concert de voix monotones descendit de la montagne, et courut d'échos en échos jusqu'au fond des précipices, comme si chaque rocher eût répété à son tour le refrain de l'hymne religieux. Les Taugs chantaient, en sortant du temple, des strophes du poëme sacré de *Ramaïana*. Quelques pierres détachées du parvis annoncèrent que la bande se mettait en marche en se servant des innombrables assises amoncelées comme d'un escalier, et puis toutes les voix s'éteignirent, et l'on n'entendit plus que le bruit des pas dans les derniers moments du silence de la nuit.

Les montagnes de l'horizon de l'aurore resplendissaient à leurs sommets en laissant encore au fond des abîmes une clarté douteuse, lorsque les Taugs entrèrent dans le défilé, qui était leur chemin accoutumé, pour gagner la plaine. Au moment opportun, un sifflement aigu retentit dans cette épouvantable solitude, et toutes les roches du vallon roulèrent sur la colonne des Taugs, et firent éclater à l'instant une traînée de coups de foudre à leurs pieds. Les derniers rangs des étrangleurs, épouvantés par ce prodige, et l'attribuant à la puissance divine, rebondirent de roche en roche, comme des éperviers surpris par des aigles, jusque sur le parvis du temple, pour se mettre sous la protection de leurs dieux. Ce mouvement avait été prévu. Les soldats indiens de Stephenson étaient déjà descendus du haut des crêtes, en s'aidant des pierres saillantes, des touffes d'herbes, des crevasses de rocs, des racines tortueuses; et, favorisés par le terrain, ils repoussèrent les Taugs fugitifs, et les précipitèrent morts ou vivants dans les abîmes, au moment où leurs pieds mal affermis chancelaient au bord des gouffres. Dans le vallon, le combat s'acharnait sur un sillon de cadavres, entre les soldats de Douglas et les plus intrépides étrangleurs. De part et d'autre le bruit des armes avait cessé. La lutte était corps à corps : les mains et les orteils se crispaient dans les chairs vives quand les poignards se brisaient sur les os. Un râle étouffé d'agonie, de douleur et de rage courait sur toute la ligne avec un bruit de torrent. Les Taugs se laissaient tomber comme blessés à mort, et couchés sur le sol, ils brisaient avec des pierres aiguës les pieds nus de leurs ennemis, et les étranglaient avant de se relever pour mourir. Nizam, blessé à la tête, fut saisi d'un accès de folie furieuse qu donna au combat un nouveau caractère d'horreur. Il s'arma de deux cricks malais, et poussa d'une voix de tonnerre le formidable cri, *amok!* le cri si connu et redouté même au Bengale, et que les îles de la Sonde ont renvoyé au continent. L'*amok*, grinçant aux lèvres, l'écume aux dents, les yeux horribles de sang et de flamme, Nizam bondissait avec les ailes d'un démon et l'agilité d'un jongleur sur les rangs compacts des Taugs, et prodiguait les coups de poignards et les malédictions indiennes. Les soldats de Douglas poussèrent le même cri et se ruèrent avec cette fureur infernale que leur donnent leur sang et leur soleil, sur les étrangleurs saisis d'effroi ; tandis que les Cipayes de Stephenson, descendus de l'autre côté achevèrent la défaite en s'emparant du vieux Sing et de son escorte de prêtres et de fakirs.

L'histoire dit que deux cents Taugs seulement échappèrent au massacre de Doumar-Leyna. On fit un grand nombre de prisonniers et les oiseaux de proie et les bêtes fauves du désert se réjouirent longtemps de cette bataille. Les honneurs de la sépulture ne furent accordés qu'aux soldats anglo-indiens.

Douglas, Edward et le jeune Elona n'étaient

plus reconnaissables, même aux premiers rayons du soleil levant. Ils avaient combattu au fort de la mêlée, et il était difficile de reconnaître si le sang qui ruisselait sur eux sortait de leurs veines ou des veines de l'ennemi. Elona n'avait pas quitté le colonel : il s'était fait son gardien, et cette assistance fraternelle et vigilante avait épargné sans doute plus d'un coup fatal à Douglas, lequel, en sa qualité de chef, devait naturellement veiller sur ses soldats et fort peu sur lui.

— Comte Elona, — dit Douglas en serrant les mains du jeune homme, — je vous remercie : vous êtes un excellent garde-corps. Il est fâcheux que je ne puisse rien faire pour vous. Je n'ai point de grade à vous donner. Dans cette affaire, celui qui a joué le plus noble rôle, c'est vous.

— Mon cher colonel, dit Elona, j'ai fait bien peu, mais j'exige pourtant que vous fassiez quelque chose pour moi... Il y a là-haut, par-dessus ces abîmes que je reconnais bien, il y a neuf cadavres étendus au pied d'un infâme autel, notre devoir est de les ensevelir.

Le colonel fit un geste de satisfaction, et se retournant vers Nizam, qui arrivait avec le groupe des prisonniers :

— Nizam, dit-il, croyez-vous que les cadavres de nos malheureux soldats soient encore là-haut dans le temple?

— Non, mon colonel, — dit Nizam d'une voix encore houleuse pour ainsi dire, après la tempête de son *amok*, — non, les cadavres ont été enlevés, selon l'usage de ces bandits.

— Le vieux Sing doit connaître l'endroit où ils ont été déposés.

— Certainement, mon colonel, le vieux Sing connaît cet endroit, et les autres aussi le connaissent. Mais... — ajouta Nizam, — je regarde de tous côtés, et je ne vois pas sir Edward ! Il est trop adroit pour se faire tuer par ces animaux, lui ! Où est sir Edward ?

— Ne vous inquiétez pas, Nizam, dit Elona. Je viens de serrer les mains de sir Edward ; il s'est battu probablement selon son usage, de l'air d'un homme qui a un mépris souverain pour ses ennemis et qui ne veut pas leur faire l'honneur de se laisser tuer par eux... Regardez, voilà sir Edward qui nous arrive.

Edward, immédiatement après le combat, s'était mis en devoir de découvrir un ruisseau, dans ce désert aride, en étudiant la nuance des roches, et les espèces de petites plantes, clairsemées aux corniches des montagnes et aux soubassements des pics. Le ruisseau trouvé, notre gracieux gentilhomme s'était purifié des souillures de la bataille, et il se dirigeait vers le groupe de ses amis, avec un dandysme superbe, empreint peut-être d'une certaine affectation, très excusable d'ailleurs; car la fatuité n'est permise que sur un champ de bataille, ainsi que l'a remarqué un moraliste du siècle dernier *.

— Mes amis, dit Edward, la mort est une

* MARMONTEL (*Heureusement*, conte moral, immoral.)

chose fort difficile à trouver, ne meurt pas qui veut. Le Manfred de Byron dit : *Il est facile de mourir...* Pas si facile, mylord !

— Vous avez donc essayé de mourir, Edward? — dit Elona, effrayé du sourire triste de son ami.

— Pas précisément, mon cher Elona... il y a des moments de mélancolie mortelle... Vous savez cela mieux qu'un autre, mon jeune comte... des moments où l'on donnerait sa vie pour la première fantaisie d'enfant... pour une femme... Mes amis, je viens de découvrir, là-bas, derrière ce bastion de roches, un ruisseau charmant, une eau vierge; c'est un boudoir de toilette délicieux...

— C'est cela même ! s'écria Nizam... oui, je connais ce ruisseau... il n'y a que celui-là aux environs.

— Un ruisseau égaré, dit Edward ; il semble que l'aridité du site a oublié ce ruisseau par distraction, et qu'elle va le boire au premier moment de soif. Ainsi, hâtez-vous si vous êtes bien aises d'en jouir.

— Colonel Douglas, voulez-vous ensevelir les cadavres?.. dit Nizam.

— Je vous comprends, Nizam, dit le colonel avec tristesse.

— Suivez-moi, mon colonel.

— Dois-je vous accompagner, Douglas? dit Edward.

— Il le faut, Edward, mon ami; il le faut.

— Mais je connais le ruisseau; c'est moi qui l'ai découvert.

— Venez toujours; vous découvrirez autre chose.

Douglas, Elona, Nizam et Edward s'acheminèrent vers le ruisseau, et lorsqu'ils eurent fait quelques pas dans cette direction, le colonel parla bas à l'oreille de Nizam, qui fit un signe affirmatif, et retourna vers le défilé du combat, où le lieutenant Stephenson surveillait les inhumations.

— Colonel Douglas, dit Elona, cet épisode

mystérieux vous a fait oublier ma demande.

— Je n'ai rien oublié, comte Elona.

— Il me semble, colonel, poursuivit Elona, que notre premier devoir est de songer aux malheureux prisonniers égorgés devant moi, et...

— Votre empressement est louable, dit le colonel en interrompant ; mais attendez un peu, vous serez satisfait.

Nizam arriva, suivi d'une escouade de Cipayes, et on continua de marcher vers le ruisseau.

Arrivés sur les bords, Nizam examina le terrain sur une longueur de cinq cents pas ; il arracha les plantes fluviales pour examiner les racines, il fouilla profondément la terre avec ses doigts, et remarquant enfin que le ruisseau faisait une courbe peu naturelle, entre deux bordures de petites fleurs artificiellement posées sur les rives, il frappa son front, et dit : *C'est là !*

Aussitôt les intelligents Cipayes creusèrent,

avec une dextérité merveilleuse, un petit lit de ruisseau à côté de l'autre ; ce travail fait, ils détournèrent, sur ce point, l'eau courante, et mirent le premier lit à sec. On découvrit alors une terre fraîchement remuée et dépouillée de cette mousse et de ces couches d'herbes que l'humidité entretient au fond des ruisseaux. Les soldats creusèrent encore sous l'indication du doigt de Nizam, et l'on découvrit neuf cadavres.

Elona les reconnut, et pleura.

C'est ainsi que les Taugs ensevelissent leurs victimes, pour dérober aux plus minutieuses recherches les traces des assassinats religieux. Ils détournent, sur un point, le cours d'un ruisseau, et lui donnent un lit nouveau, qui est une tombe.

Le colonel Douglas fit appeler tous les soldats, pour rendre les honneurs militaires aux morts de Doumar-Leyna ; on leur creusa des fosses profondes, et on roula sur les terrains funèbres, des quartiers de roche, pour défendre les cadavres contre les hyènes et les oiseaux qui fouillent les sépultures aux heures de la faim.

Ce pieux devoir rempli, le colonel Douglas donna le signal du départ, et le détachement abandonna ce versant de la montagne, pour rentrer dans des domaines plus sereins. Les soldats de Stephenson reçurent l'ordre de ne se montrer à Roudjah que le soir, après le coucher du soleil, à moins que les circonstances ne fissent prendre d'autres dispositions, Le capitaine Moss reprit ses postes dans les forêts de Nerbudda.

—C'est un luxe de précaution, dit Nizam, car je crois que nos Taugs d'ici ne bougeront plus, après cette leçon de ce matin. Cependant, cela ne nuit pas de veiller toujours.

FIN DU DEUXIÈME VOLUME.

TABLE DU DEUXIÈME VOLUME.

TABLE

DU DEUXIÈME VOLUME.

LA GUERRE DU NIZAM.

I.	L'Entr'acte.	1
II.	Un Assaut de Ruses sans Escalade.	35
III.	Une Lettre de Sir Edward.	73
IV.	Le Lendemain.	105
V.	Fantômes des Nuits.	145
VI.	Prisonnier d'une Femme.	177
VII.	Le Temple de Doumar-Leyna.	215
VIII.	Le Lendemain.	247
IX.	Le Vallon des Taugs.	289

LE MOQUEUR AMOUREUX,

Par M.me **SOPHIE GAY**. 2 vol. in-8°.

LA FLORIDE,

Par **MÉRY**. 2 vol. in-8°.

LA COMTESSE HORTENSIA,

Par **MÉRY**. 2 vol. in-8°.

BRIOLAN,

Par **G. DE MOLÈNES**. 2 vol. in-8°.

LÉONIE DE MONTBREUSE,

Par M.me **SOPHIE GAY**. 2 vol. in-8°.

VOYAGE EN ITALIE,

Par **PAUL DE MUSSET**. 2 vol. in-8°.

Typographie Dondey-Dupré, rue Saint-Louis, 46, au Marais.

www.ingramcontent.com/pod-product-compliance
Lightning Source LLC
Chambersburg PA
CBHW060509170426
43199CB00011B/1386